대표에세이 작가들을 울린 인생 책
生, 푸른 불빛

生, 푸른 불빛

초판 발행 2020년 11월 9일
지은이 대표에세이문학회
펴낸이 안창현 펴낸곳 코드미디어
북 디자인 Micky Ahn 교정 교열 최기주

등록 2001년 3월 7일
등록번호 제 25100-2001-5호
주소 서울시 은평구 갈현로 318-1 1층
전화 02-6326-1402 팩스 02-388-1302
전자우편 codmedia@codmedia.com

ISBN 979-11-89690-39-7 03810

정가 15,000원

이 책의 판권은 지은이와 코드미디어에 있습니다.
잘못 만들어진 책은 교환해드립니다.

대표에세이 작가들을 울린 인생 책 **生, 푸른 불빛**

서문

생존 너머 목마른 무엇

　꽃이나 책이 생존 비상 물품은 아닙니다. 그것은 먹을 것도 아니고 마실 것도 아닙니다. 강아지도 고양이도 글을 모르지만 살아가고 일부는 아주 사랑받고 살고 있지요.
　세상에서 꽃을 가꾸고 글을 읽으며 살아가는 존재는 사람뿐입니다. 사람에게는 생존 너머 그 무엇을 갈구하고 목말라하는 본능이 있습니다.
　『세 잔의 차』에서 '그레그 모텐슨'은 히말라야를 등정하다 조난을 당합니다. 코르페 마을 사람들에게 구조되어 한 달간 극진히 보살핌을 받고, 귀국하기 전 마을사람들에게 한 가지 소원을 들어주겠다고 말합니다. 그때, 마을 사람들과 촌장 '하지 알리'는 학교를 지어 아이들을 교육시키는 것이라고 합니다. 이들은 마을 공동체에서 행복하게 살아가고 자신들의 영혼이 깨끗하다고 생각합니다. 그렇지만 글을 모르니 아름다운 글이 가득한 자신들의 경전을 읽지 못한다고 아쉬움을 토로합니다.
　그들은 산골 오지에서 자신들의 신을 믿으며 그 가르침에 충실하게 살아가는 사람들입니다. 낯선 이방인을 아무런 조건 없이 보살펴 주는 따뜻한 사람들입니다. 촌장은 글을 모르지만 지혜롭고 온유하며 어른답습니다. 그런 인격의 소유자가 글을 읽기를 간절히 원하고 아이들을 가르치는 것이 첫 번째 소원입니다. 이러면서 촌장은 '그레그 모텐슨'에게 서로와 관계 맺기를 중요하게 생각하라고 조언합니다.
　정원이 아니더라도 작은 화분에서나마 꽃을 피우고 향기로운 냄새가 나면 행복해집니다. 책을 읽고 생각이 깊어지니 글도 쓰고 있습니다. 책을 읽고 글을 쓰는 건 나와 나 자신, 그리고 저자와 독자의 관계 맺기가 아닐는지요. 또한 이렇게『월간문학』이라는 같은 문예지로 등단한 선후배들이 서른일곱 번째 동인지를 엮는다는 것은 관계 맺기의 정점이라고 생각합니다. 올 한해는 살아있는 세포에 기생하는 바이러스가 전 세계를 무섭고 두렵게 만들었습니다. 마스크를 꼭 써야하고 사람 간 물리적 거리두기를 해야 합니다. 그 가운데에서도 저희 선후배 동인들은 또 책 한 권을 엮었습니다. 책이 나에게 어떤 존재인가를 생각하며 삶의 의미를 묻고자 이번 동인지 주제를 책으로 했습니다. 책이 나오도록 힘을 모아 준 선후배님들께 고맙다는 인사를 올립니다.

2020년 가을, 대표에세이문학회 회장 허해순

Contents

서문 _4

폴 브런튼과 피천득 | 정목일 12

어느 미국인의 한글사랑 조선사랑 | 김학 17

두 권 수필집의 수필 조화 | 이창옥 23

누렇게 바랜 한 권의 선물 | 지연희 27

마지막 치기의 치열함으로 | 권남희 32

두 권의 책 | 최문석 38

새벽에 우는 뻐꾸기 | 고재동 43

내 인생 두 권의 책 | 이은영 49

빙점 그리고 덕혜옹주 | 안윤자 52

칼보다 강하고 때로는 무서운 펜 | 김사연 57

『탁월한 사유의 시선』 앞에서 | 윤영남 62

칼 세이건의 『코스모스』 『에필로그』 | 박미경 68

다락방의 창랑정기 | 류경희   75

세상이 바뀌는 시간 | 조현세   79

살아 있는 것은 다 행복하라 | 정태헌   84

담배 한 개비에 묻어나는 인생 담론 | 김선화   88

행복한 청소부처럼 | 박경희   93

애벌레의 꿈 | 김윤희   97

『별』에서 『예언자』, 『무소유』로 | 김현희   101

손때 묻은 책 | 옥치부   106

내 삶의 교과서 | 김상환   109

두 남자와 함께 하는 데이트 | 곽은영   114

혼자서 걸어 봐 | 김경순   119

인생은 한낱 헛된 꿈이 아니라서 | 허해순   123

Contents

꿈, 아프리카의 불빛 | 허문정   128

푸른 흔적 | 김진진   132

[무소유]로 산다는 것 | 전영구   137

이정표 | 김기자   141

열넷, 나를 만나다 | 김정순   145

춘원 이광수의 '원효대사' | 강창욱   150

창을 닫으며 | 신순희   155

고향 같은 | 박정숙   159

지긋지긋, 흥미진진 | 최종   162

내 마음에 흐르는 샘물 | 김순남   167

인생 모델과 그때 그 시절 | 조명숙   172

미완의 숲 | 백선욱 177

야한 상상의 시선 | 이재천 182

류시화에게 뜨겁게 호응하며 | 신삼숙 187

『누비처네』와 『긍정의 힘』 | 정석대 192

십자군 이야기와 정의란 무엇인가 | 송지연 196

유정, Love Story | 박용철 202

주홍 글씨 | 권은 206

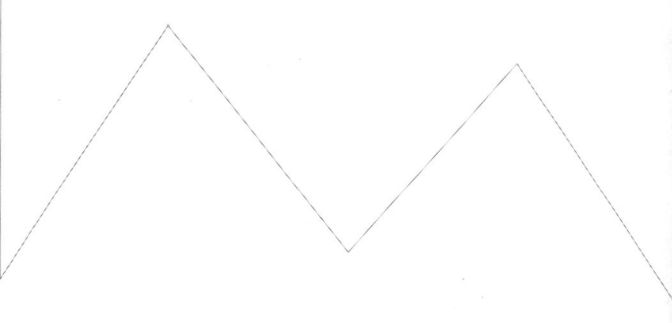

대표에세이 작가들을
울린 인생 책 ——————

生, 푸른 불빛

폴 브런튼과 피천득
- 내 인생의 책 두 권 -

정목일

내 인생에 영향을 준 책 두 권을 들고 그 이유를 말해 보라고 한다.

폴 브런튼의 『이집트의 신비』(정신세계사, 1994)는 책장을 넘기는 순간마다 경이와 놀람으로 몸을 떨게 했다. 폴 브런튼은 1898년 런던에서 태어나 1981년 스위스 베베이에서 타계하였다. 1935년에 출간된 『인도의 명상』을 비롯하여 1952년에 출간된 『인간 영혼의 위기』에 이르기까지 모두 13권의 책을 저술하였다.

브런튼은 요가와 명상을 서구에 소개하였고 그 철학적인 배경을 비전문적인 언어로 설명해 준 저자로 널리 인식돼 있다. 그가 글을 쓰는 방식은 영감이 떠오르는 대로 몇 구절 씩 메모해 두는 식이었다. 편지 봉투나 신문지 귀퉁이 같은 곳에 끼적이곤 했다. 그것은 나중에 타이프 친 후 내용별로 분류되었다. 그는 이것을 편집하고 문장을 가다듬어서 하나의 연결된 이야기로 묶어낸다.

그는 인도에서 시골 작은 산자락에 살고 있던 성자 라마나 마하리쉬를 만나게 되었고, 이 인연을 통해 명상과 수련과 영성의 세계를 얻게 되었다. 그가 영적인 수행을 한 후에 다시 내면의 부름에 따라 나서서 둘러본 영혼의 순례기가 『이집트의 신비』였다. 여기서 그는 속인들과는 다른 차원의 영적 감수성과 놀라운 투시 능력을 발휘하였다. 그의 개인적 천착의 결과인 방대한 관련 지식과 다년간 기자 생활로부터 다듬은 집요한 취재 기법을 동원하여 관광객들이 볼 수 없는 곳들을 발견하여 보여준다. 영혼의 눈이 어두운 현대인들에게 불가사의일 뿐인 피리미드와 스핑크스, 아득한 고대 이집트문명의 수수께끼를 하나하나 풀어준다. 이것은 단순한 지리적 기행이 아니라 시간과 공간을 초월하여 인간 존재의 영원한 화두를 더듬는 영혼의 기행이라 할 수 있다.

필자가 폴 브런튼의 『이집트의 신비』를 기행 문학의 정점으로 인식하는 것은 몇 가지 이유가 있다. 기행문은 대개 여행, 답사의 기록이기 때문에 일과성 적인 성격을 지닌다. 여행의 경우는 오랫동안 관찰, 조사, 연구, 체험의 시간적 여유가 없다. 그렇기에 작자의 총체적인 지식과 안목에 의한 순간적인 스케치로 기록되는 것이 보통이다. 더군다나 단체 여행일 경우는 개인적인 관심과 주제 탐구에 매달리기가 거의 불가능하다.

폴 브런튼의 『이집트의 신비』는 간단한 답사만으로 씌어질 수 없는 글이다. 기행문이기 전에 명상, 탐구, 체험의 기록이며 영성과 신비에 닿아 있다. 그는 피리미드의 바깥만을 보려 하지 않고 내부, 다시 말하면 영혼을 알고 싶어 했다. 피라미드의 가르침은 인간은 자신의 내면을 향해 눈을 돌려야 하며 자신의 존재 중심부를 탐험하여 영혼을 찾아내어야 한다는 것이다. 브런튼은 스핑크스의 모습을 그리기 위해 무수히 그 앞에 갔다. 동이 트는 아침, 태양이 작열하는 정오, 저녁노을 속에서 스핑크스가 영원의 하늘을 보며 어떤 표정인가를 살펴보았다. 꽃 피는 봄에, 비 내리는 날에, 바람이 부는 날에 그 곳에 가보았다. 가까이서 보고, 또 멀리서 바라보았다. 자신이 사막의 스핑크스가 되어 영원의 하늘을 바라보며 명상에 잠긴 끝에 스핑크스의 영혼과 교감할 수 있었다. 일회성 적 관찰만으론 도저히 미칠 수 없는 신비의 세계였다. 그의 기행문은 실제로 목숨까지 걸고, 진지하게 체험을 통해 탐구하고 명상한 세계를 기록한 것이다. 영혼의 탐색이며 '명상 기행문'이라고 하는 게 적절하다.

국내로 눈을 돌리면 피천득의 수필을 들고 싶다.
피천득 문장은 시적이고 산뜻하다. 군더더기가 없고, 명료하고 아름답다. 주제가 선명하고 핵심을 파고든다.
피천득은 77편의 수필을 남겼다. 대개 200자 원고지 4~10매에 이르는 짧은 글이다. 금아의 대표작으로는 「수필」「인연」「오월」을 든다.

피천득 선생의 「수필」은 교과서에 수록되어, 수필에 대한 개념과 경지에 대한 자리매김을 해준 계기가 되었다. 수필에 대한 인식이 부족하던 시기에 수필은 '붓 가는 대로 쓰는 글'로 비전문 문학, 아마추어 문학 정도로 인식되고 있었다. 피천득의 「수필」이란 작품 출현은 하나의 큰 충격이었다. '수필은 청자연적, 학, 난'으로 비유하여 최상, 최고, 절정, 완성의 세계와 결부시킴으로써 경지와 품격의 문학으로 성격을 알려주었다. 수필이 누구나 쓸 수 있는 하찮은 문학이라는 인식에서 벗어나, 인생 경지와 인격을 갖추지 않고선 좋은 글을 쓸 수 없는 문학임을 인식시켜 주었다.

필자도 고교 시절에 피천득 선생의 「수필」을 읽고 언젠가 수필을 써 보고 싶다는 충동을 느꼈고 수필가가 되는 계기가 되었다.

피천득의 「수필」은 작품으로 쓴 수필론이라는 데 묘미가 있다. 논리적 전개에 따른 결론의 도출이라는 틀에 박힌 이론은 딱딱하고 도식적이어서 흥미를 끌기 어렵다. 피천득은 서정과 상상과 아름다운 문장을 통해 자신의 수필을 전개했다. 논리적으로 설득하거나 동조시키려 하지 않고, 감성적으로 마음에 스며들게 만들어 독자들로 하여금 자신도 모르게 느끼게 만들어버렸다.

내 수필 인생에서 폴 브런튼은 체험과 명상을 끌어들여 찰나를 영원으로, 외양이 아닌 내부, 일부가 아닌 전체, 껍데기가 아닌 영혼을 보는 법을 알려주었다.

피천득의 수필은 한국 서정의 계승과 함께 현대 감각을 살리고 있어서 신선감과 사랑을 받아왔다.

정목일 | 『월간문학』 수필 등단(1975년), 『현대문학』 수필 천료(1976년). 한국수필가협회 이사장, 한국문인협회 부이사장, 연세대학미래교육원, 롯데백화점 본점, 한국문인협회 평생교육원 수필 지도교수 역임. 수상 : 마산시문화상, 동포문학상, 에세이작품상, 경남도문화상, 수필문학대상, 경남문학상, 현대수필문학상, 신곡문학상, 경남수필문학상, 조경희수필문학상, 원종린수필문학상, 흑구문학상, 인산문학상, 윤재천문학상, 시선수필문학상. 저서 : 수필집 『남강부근의 겨울나무』 『한국의 영혼』 『별이 되어 풀꽃이 되어』 『달빛고요』 『아름다운 배경』 등 30여 권. E-mail : namuhae@hanmail.net

어느 미국인의 한글사랑 조선사랑
-호머 헐버트 박사의 『士民必知』를 읽고-

김 학

매주 월요일 저녁이면 나는 한글공부 하기에 바쁘다. 월요일 저녁 7시 40분부터 8시 30분까지 KBS-1TV에서는 '우리말 겨루기'란 퀴즈 프로그램이 방송되기 때문이다. 엄지인 아나운서의 유머러스하고 재치가 넘치는 진행이 시청자인 나를 즐겁게 한다. 네 명 혹은 네 팀이 출전하여 정답을 맞히며 점수를 높여 가는 진행이 흥미를 끈다. 그 프로그램을 볼 때마다 내 국어 실력이 모자라고, 한글이 참 어렵다는 사실을 깨닫곤 한다.

나는 수필을 쓰는 사람이기에 누구보다도 한글을 사랑한다. 나름대로 한글 공부도 많이 하는 편이다. 그런데도 '우리말 겨루기'를 보면 모르는 게 너무 많다. 한글 공부도 끝이 없구나 싶다.

'우리말 겨루기'에서 1등을 하면 '달인'에 올라 상금 3천만 원을 받는다. 3천만 원! 얼마나 큰돈인가? 그러나 매회 달인이 탄생되는 것은 아니다. 대개 '띄어쓰기'에서 틀려 달인의 경지에 오르는 영광을 놓친다. 한글에서는 '띄어쓰기'가 그만큼 어렵기 때문이다.

나는 훈민정음이 만들어질 때 띄어쓰기 규정도 제정되었으려니 생각했었다. 그런데 그게 아니었다. 우연히 인터넷에서「한국인보다 한국을 더 사랑한 사람」이란 글을 읽고 그런 사실을 알게 되었다.

'띄어쓰기도없고쉼표도없고마침표도없는글을읽는것은 매우불편한일입니다'

미국인 호머 헐버트 박사가 없었다면 우리는 아직도 위의 글처럼 불편하고 답답한 문장을 쓰고 읽으면서 지내고 있을 지도 모른다고 했다. 이 글을 보면 호머 헐버트 박사가 한글에 띄어쓰기를 도입했다는 이야기가 아닌가?

호머 헐버트 박사는 누구인가? 1886년(고종 23) 7월, 23세 청년 호머 헐버트는 조선 정부가 육영공원(育英公院)의 교사로서 조선의 젊은 이들에게 서양 문화와 영어를 가르치려고 초청했던 분이다. 배를 타고 태평양을 건너 제물포로 들어온 호머 헐버트 박사는 조선에 머물면서 조선 사람보다 더 조선을 사랑하게 되었다. 놀랍게도 조선에 온 지 3년 만에 '선비와 백성 모두가 반드시 알아야 할 지식'이라는 뜻의

『士民必知』란 책을 편찬했다. 이 책은 한글로 만들어진 조선 최초의 교과서였다. 이『士民必知』란 책이름을 나는 학창 시절엔 들어보지 못했었다.

호머 헐버트 박사는 조선에 '한글'이란 글자가 있다는 것을 알았다. 이 글자는 중국의 한자보다 더 훌륭한 글자인데 조선 사람들이 그걸 안 쓰고 한자로 쓴 책으로 공부하는 것을 보고 안타까워서 스스로 조선의 말과 글을 배워서 3년만인 1889년에 '선비나 백성들 모두가 꼭 알아야 할 것'이란 뜻의『士民必知』를 출간했던 것이다. 이 책의 초간본은 한글본이었고, 1895년에는 한문본도 출간했다. 한문본을 출간한 것은 당시 양반들에게 널리 읽히기 위해서였던 것이다.

호머 헐버트 박사는 이 책의 머리글에서 제 말글로 배우고 가르치는 게 좋은데 조선 사람들은 쉬운 제 말글로 세상 공부를 하지 않고 한문으로 쓴 책을 더 좋아하기에 이 책을 출간하게 되었다고 밝혔다. 그런데 신식 교육을 반대하는 조선 선비들과 조선 사람들을 깨우치는 걸 싫어한 일본인들의 방해로 1991년에 육영공원이 문을 닫게 되자 호머 헐버트 박사는 그해 12월에 미국으로 돌아갔다. 그러나 조선이 좋아서 감리교 선교사로서 1993년에 다시 조선으로 돌아왔다. 그는 배재학당 안에 있는 삼문출판사 책임자로 있으면서 학생들을 가르쳤다. 이『士民必知』는 배재학당과 여러 학교에서 교과서로 이용했으며 일반인들도 널리 읽게 되었다.

호머 헐버트 박사가 지은 이 『士民必知』는 세계 지리 교과서였다. 이 책을 보면 당시 미국이 세계 지리를 반드시 알아야할 것으로 여겼고, 미국이 세계 지리 정보를 얼마나 중요하게 생각했는지를 말해준다.

내용을 살펴보면 당시 미국과 유럽 여러 나라가 어떻게 세계를 바라보고 있었고, 어떻게 세계 여러 지역의 특징을 가르치고 있었는지를 엿볼 수 있는 내용들이다. 호머 헐버트 박사는 조선이 쇄국 정책에 빠져 있는 게 답답하여 세상이 넓다는 걸 알려 주고자 이 책을 썼던 것 같다.

이 『士民必知』는 지구와 천문·기상 등 자연 현상에 대한 설명과 지구 총론·인종 총론 및 유럽 총론 등의 개론을 붙였다. 본문에서는 유럽·아시아·아메리카·아프리카·오세아니아 등 당시 우리나라 사람들에게 생소한 지역의 다양한 인문 지리 내용을 서술했으며, 국가의 위치와 면적·지형·기후·자원·인구·인종·주요 산업·정치 체제·법률·교육 체제·부세 체제·교통수단·종교 등 다양한 내용을 간명하게 기술했다.

이 책은 당시 외국의 정세에 어두웠던 조선 선비들에게 세상을 보여주는 자료가 되었다. 이처럼 조선 선비들에게 세계를 바라보는 눈을 띄워준 『士民必知』를 늦게라도 알게 되었으니 얼마나 다행인지 모른다.

호머 헐버트 박사는 미국인 선교사일 뿐만 아니라 한글 학자로서 미국에서 활용할 한글 교본을 출간하는 등 많은 논문을 써서 한글의 우수성을 널리 알리기 시작했다. 또 서재필, 주시경 등과 함께『독립신문』을 만들었는데 이 신문은 처음으로 띄어쓰기를 실천한 한글 신문이었다고 한다.

누구보다 한글의 우수성을 잘 알았던 호머 헐버트 박사는 중국인들이 어려운 한자를 버리고 한글을 채택해서 사용하면 좋을 것이라고 주장하기도 했다니, 얼마나 한글을 사랑했던 사람인가?

호머 헐버트 박사는 그의 회고록에서『士民必知』는 미국 휘태커(Whittaker) 연감, 혹은 정치가(Stateman) 연감의 축소판이라고 한 것으로 보아 당시로는 세계 지리 교과서를 모범으로 삼아 세계 각국의 통계를 첨가하여 편찬한 것으로 추정된다. 그가 세상을 뜬 뒤 외국인으로서는 처음으로 대한민국 건국 공로 훈장을 받았고, 2014년 한글날에는 대한민국 금관 문화 훈장까지 받았다.

한국을 사랑했던 호머 헐버트 박사는 한국 땅에 묻히고 싶다는 자신의 유언에 따라 서울 마포구 합정동 양화진 외국인 선교사 묘원에 잠들어 있다. 1999년 그의 50주기에 세워진 기념석(記念石)에는 이런 글귀가 새겨져 있다.

"한국인보다 한국을 더 사랑했고 자신의 조국보다 더 한국을 위해 헌신했던 빅토리아풍의 신사 헐버트 박사 이곳에 잠들다."

호머 헐버트 박사는 구전으로만 전해오던 아리랑을 최초로 악보로 정리했으며, 미국 대통령에게 고종 황제의 밀서를 전하려 시도했고, 헤이그 특사 파견을 위해 진심으로 노력했던 진실한 대한민국의 독립운동가 중 한 분이었다.

한글은 전 세계에서 가장 단순한 글자이며 가장 훌륭한 글자라고 칭찬했던 미국의 소설가 펄벅 여사보다 더 한글과 한국인을 사랑했던 미국인이 바로 호머 헐버트 박사였다면 지나친 칭찬일까?

우리에게 『士民必知』라는 귀중한 저서를 남겨준 이런 미국인이 있었다는 것은 우리의 행운이 아닐 수 없다. 삼가 호머 헐버트 박사의 명복을 빈다.

김 학 | 『월간문학』수필 등단(1980년). 전북문인협회 회장. 전북수필문학회 회장. 대표에세이문학회 회장. 전북PEN클럽 회장. 국제PEN클럽 한국본부 부이사장. 전북대학교 평생교육원 수필창작 전담교수 역임. 신아문예대학 수필창작 교수. 저서 : 『수필아 고맙다』『하루살이의 꿈』등 16권. 『수필의 길 수필가의 길』등 수필 평론집 2권. E-mail : crane43@hanmail.net

두 권 수필집의 수필 조화

이창옥

수필가 이창옥의 『하얀 모시적삼』과 수필가 윤재천의 『수필 아포리즘』, 이 두 권의 미적 수필집을 선택했다. 먼저 이창옥의 수필집에서 아포리즘 수필을 배우는 수필이 아닌가 이에 더듬거려 본다. 수필은 언어 예술이다. 마음의 움직임을 스케치하는 거울이며, 상상적 구성을 동반하는 문학이다. 퓨전 수필에서 말하는, 더더욱 빠르게 좀 더 새롭게 길을 발견하여 더 넓게 만남과 변화된 수필을 만들려고 했으며, 또 하나는 아포리즘(Aphorism) 즉 같은 진리를 간결하게 표현한 글로, 문장이 단정적이며 내용이 체험적이다. 나아가 표현은 개성적이며 독창적이다. 격언, 금언, 잠언, 경구를 포괄하는 수필 구성을 살리고자 심혈을 기울였다. 특히 어머니를 배경으로 한 작품, 자연의 미적 탐구를 포함한 작품, 개성을 살린 생활의 작품, 오스트레일리아의 자연물과의 대화와 가족 이야기, 나의 여정의 노래, 그리고 나의 신앙의 터를 바탕 삼아 수필로 창작의 묘를 살려 보았다.

살아가는 궁극의 목표는 행복이라 한다면, 난 행복한 사람이다. 나의 가족과 더불어 존재한다는 현실에 있어 이보다 더 기쁠 수 있을까. 팔순을 기념한 수필집으로 상재하여 세상에 내놓음에 나의 생애의 기쁨이며 가족의 기쁨이 아닐까.

'어머니 편지'

고향 집, 어머님 기다리는 감나무 가지에 까치가 울면 까치가 울면 집 뜰에 서성이는 어머님 그리웁소. 소나무 푸른 향 벗되어 가슴 가슴마다 들꽃으로 피어납니다.

아! 이제는 건너 산 하늘 밭에 하얀 찔레꽃으로 피실 어머니 자분자분 그 마음 그 얼굴로 미소 띤 붉은 편지 나의 기도 안에 살아계신 님, 어머님 사랑합니다. 그리움에 지쳐 어머님께 이 헌시를 바칩니다.

나의 어머니는 고향 집을 하얀 서리 머리가 되도록 지켜온 곧은 성품으로 일생을 다정한 벗으로 삼아 아담한 집에 정을 쏟아 살아온 어머니, 올가을에는 당신이 좋아하는 십여 그루 감나무를 심어 가을 되면 탐스런 붉은 감이 주렁주렁 꽃송이로 피워 댑니다. 당신의 착한 자녀인 양 무척이나 좋아했습니다. 울안 텃밭 마당에는 당신이 일생을 통해 가꾼 푸른 산야에서 수집한 산더덕, 산도라지, 고사리와 찔레, 산나리, 두릅 등 정성 들여 수집한 수채화를 골고루 심어 꽃이 피면 한마당 화원을 이룹니다. 이런 때, 당신이 가꾼 꽃나무의 향에 홀로의 마음가짐을 포용하고, 때로는 가슴 아리의 눈시울을 적시며 하얀 치맛자락을 훔칩니다. 고독과 외로움의 홀어머니인 여인의 자분거리는 자국을 만들고 지우면서 그분의 인생 철학을 익히며 더불어 일생을 살갑게 보내셨습니다.

때때로 감나무에서 까치가 울면 까치가 울면, 혹여 객지의 자녀가 올려나 기대에 찹니다. 우리 어머니는 이렇게 평생을 기다리고 또 기다리면서 살아오신 어머니, 당신의 애욕을 혼자 안고 홀로 지새운 어머니의 온몸이 한 통되어 따스한 붉은 무늬가 가득 서럽니다.

이런 자리에 나라는 아들 됨이 어머니의 세계를 한 톨의 이해도 모른 채 늦고 늦은 지금 불효의 눈물을 쏟아 냅니다.

오늘, 어머니에 대한 아들의 작은 마음을 안고 당신 곁에 올리는 시비에 실어 하얀 마음과 같이 어머니의 가슴 자락을 만지며 그리는 터에 붉게 타는 한 오라기 사랑을 한시에 담아드립니다. 기뻐하시는 용안에 새롭고 참한 맵시를 새기면서, 생시의 미소로움에 더듬더듬 은혜로운 사랑의 가녀린 손을 모읍니다.

(수필은 융합 예술)
수필적 다다는 기존의 것을 포용하며 기존의 틀을 인정하는 가운데 변화를 추구하는 힘.

부수고 깨뜨려 새로운 것을 창출하는 것이 아니라 다듬고 손질하며 독특한 이미지를 창출하는 것이 수필의 해체주의이다.

작가는 그물에도 걸리지 않는 바람처럼 자유로운 정신을 견지하며 융합 수필을 창조하는 것이 진정한 프런티어 정신.

(수필은 절차탁마)
문학성은 사상을 대하는 작가의 안목이 어느 정도 달관을 견지하느냐에 따라 결정,

작가는 근원적이고 본질적 문제에 대해 구체적이며, 지속적 관심을 지녀야.

현재의 작법에서 과감히 탈피해 새로운 관점에서 문학적 진리를 구축하는 노력이 필요.

미적 감동이 충만한 글로 새로운 '나'를 발견하여 삶에 대한 기존의 인식을 변화시킬 수 있어야 문학성 있는 작품이 아니겠는가.

이는 윤재천 수필가의 주장이 되고 있다.

이창옥 | 『월간문학』수필 등단(1983년). 한국문인협회. 한국PEN문학회. 전북문협. 호주문협. 전북수필문학 회장. 본시 회장. 전북문단 이사. 한국수필 이사. 수상 : 전북문인협회상. 풍납문학대상. 한국문인대상. 국민훈장 동백장. 저서 : 수필집『갈꽃 길섶이야기』등 6권. E-mail : leeco@naver.com

누렇게 바랜 한 권의 선물

지연희

　　같은 하루, 같은 아침, 같은 밤이라는 이름으로 잇는 시간의 연속 속에서 하루와 한 달이 그리고 한 해가 저물고 열리고 있다. 그 같은 반복된 이름들의 거듭으로 사람들은 각기 나이를 계산하고 세월의 빠른 흐름에 편승하고 있다. 시간의 덧없음을 아쉬워하며-. 새해 첫 날은 바로 그 아쉬움을 치유하는 가슴 부푼 희망을 설계하게 된다. 한 해의 마지막 밤 자정에서 영시로 넘어가는 시각과 시각사이 보신각 타종의 그 순간으로부터 새날의 의미는 그렇게 규정짓게 된다. 그냥 어떤 변화를 꿈꾸고 어떤 기대로 가슴을 부풀린다.
　　거듭되는 내 일상 또한 내일은 알 수 없는 그 무엇이 찾아올 것만 같은 희망으로 연속 되었다. 그리고 일흔의 나이를 넘어 무임승차하듯 현재에 편승하고 있다. 지구의 내부 또한 자전 속에서 일출과 일몰의 현상으로 낮과 밤을 가르며 하루라는 시간을 쳇바퀴 돌리듯 반복하고 있다. 까닭에 우리는 같은 일의 반복 속에서, 다람쥐 쳇바퀴 돌리듯 숨 가쁜 일상 속에서도 무료함을 말하지 않을 수 없다. 같은 밤과 낮을 걸어가지만 어제의 그 시간은 물 흐르듯 흘러가 버린 과거일 수밖에 없다. 흘러가 버린 시간의 그 공간에는 잃어버린 순수의 내가 물기 마른 기억을 내려놓고 잠들어 있는 곳이다. 지워버릴 수 없는 삶의 흔적으로 존재한다.

이제껏 내 삶의 바다에는 지울 수 없는 삶의 파편이 파도 위에서 너울거리고 있지만 어린 시절 성탄절에 선물로 받은 한 권의 책은 평생을 살아가는 지표가 되어 나를 키우는 지렛대가 되고 있다. 어머니가 세상을 떠나시고 1년이 조금 넘은 12월 24일 젊은 만홧가게 아저씨는 한 권의 책을 포장하여 선물로 주셨다. HLKA 連續放送 東西敎養名言集 『마음의 샘터』단기 4294년 10월 20일 정가 900원이라 씌어 진 책 한 권이다. "인간은 향상을 희망한다. 또 정의를 갈망한다. 그리고 불의를 미워하며, 보다 자기 자신을 높이 가지려고 노력한다." 책을 발간하는 서문의 첫 문장으로 쓴 이 글의 내용은 어쩌면 육십 년이 넘도록 나를 성장시킨 정신의 지주였다는 생각이다. 긴 세월 누렇게 바래도록 나를 지켜준 선물이었다.

"연희야! 이 조그마한 책이나마 읽으면 무엇인지 아는 것이 있을 것이다. 언제나 좀 더 나은 사람이 되기 위하여 노력하여야 될 것이다."

보도 위에 밟히어 바스락거리는 저 앙상한 낙엽의 기도가 순명으로 잇는 새 생명 탄생을 예비한 몸짓이라는 사실도 시간 속에 있다. 쿵쿵 울려 퍼지던 보신각 종소리가 한 해의 시작을 금 긋지만 순간 시간은 흘러 단번에 과거라는 이름을 짓게 된다. 이제 365일로 예비된 새로운 한 해를 맞이하며 뒤돌아본 시간의 흔적 앞에 나는 무엇을 남겼는지 뒤돌아보게 된다. 그곳에는 이제껏 수십 년을 곁에 두고 호흡해 온 문학이라는 이름의 또 다른 내 모습이 보인다. 한 권의 책이 나를 업고 여기까지 왔다.

수필가이며 시인이라는 이름의 내가 숨을 쉰다. 내게 있어 문학은 내 삶의 동반자이었으며 눅눅한 삶을 지탱하는 회초리였다. 문학을 통하여 삶의 의미들에 귀 기울이고 언어가 내장한 가치들에 흠뻑 취하게 되면서부터 비로소 눈을 뜨기 시작한 참 문학의 아름다움에 내 삶은 빛의 향기를 맡을 수 있었다. 소중한 한 권의 책이 나의 삶을 일으키게 되었다. 잃었던 미소를 회복할 수 있게 되었다. 두려움이 사라지고 어떤 모순도 순순히 받아들이는 여유가 생겼다. 『마음의 샘터』는 내 삶의 유일한 동반자임에 분명했다.

세상에 존재하는 모든 대상과 따사로이 손을 잡는 법을 배웠다. 생명이 있든 없든, 크거나 작거나, 형태가 있는 것에서 형태가 없는 관념까지 결국은 지구촌 모든 존재의 대상들은 하나의 둥근 원 속 생존의 의미로 존재의 가치를 부여 받고 있다는 사실에 눈을 떴다. 내 문학은 내 삶 속에서 분리될 수 없는 고통이었으며 은혜로움이었다. 시멘트 벽 틈을 비집고 개미떼들이 열을 지어 어디론가 정신없이 달려가고 있다. 생명을 소유한 모든 존재들은 지난한 삶의 고단으로 이룩한 하루 하루를 등에 지고 걸어간다. 저녁 무렵 귀가 길의 내 모습이다.

　내게 문학은 어머니의 회초리처럼 매번 종아리를 치지만, 지워지지 않는 갈증으로 연연함을 버리지 못한다. 가슴 밑바닥에 깔려 시시때때로 일어서는 '무엇'들이 불쑥 불쑥 펜을 들게 한다. 어느 한 편도 유순한 동행으로 화답하지 않지만 최선의 의지로 머무르다보면 글이 닿아야할 이상의 지점에 닿게 되어 감사할 때가 많다. 수필 문학의 길에 머문 지가 38년이 지나고 시문학에 매료되어 지낸 시간도 그 시점에 이른다. 열다섯 권의 수필집, 아홉 권의 시집, 수필 작품론(한국현대수필 작품론)한 권, 시 작품론(한국현대시 작품론)한 권, 노벨상 수상자의 전기 4권(청소년), 동화 두 권이 내 자산이다. 어느 것이든 귀하지 않은 것이 없다.

　나의 문학은 한 권의 책으로부터 시작 되었다.『마음의 샘터』의 내면을 미로를 찾듯 들어가 보면 온갖 주옥같은 삶의 가닥들이 나를 반긴다. 때로는 빨랫줄에 널려 아직도 눈물을 흘리는 젖은 치맛자락과 같은 나를 위로하거나 가만가만 등을 토닥여 준다. 때를 기다려도 햇

빛 스며들지 못하던 뒤꼍 골방에서 나를 구원하고 무심히 하늘바라기를 잘 한다. 해를 바라는 해바라기가 되어 까치발을 하고 있다. 나는 지금 새 아침 눈부신 빛살로 부딪치는 개벽의 울림을 꿈꾼다. 아스라한 먼 곳으로부터 분연히 다가서는 불빛 같은 소중한 책, 그가 내 곁에 있다.

지연희 | 『한국수필』(1982년), 『월간문학』 신인상(수필1983년), 『시문학』(시2003년) 신인문학상 당선. 사)한국문인협회 수필분과회장, 사)한국수필가협회 이사장역임, 사)한국여성문학인회 부이사장 역임. 사)현대시인협회 이사, 사)한국시인협회 회원. 순수문학 계간 『문파』 발행인. 수상 : 제5회 동포문학상, 제11회 한국수필문학상, 대한민국 예총 예술인상, 제9회 구름카페문학상, 제30회 동국문학상, 제12회 조경희수필문학상 수상. 저서 : 수필집 『식탁 위 사과 한 알의 낯빛이 저리 붉다』외 15권. 시집 『메신저』 『그럼에도 좋은 날 나무가 웃고 있다』외 6권. E-mail : yhee21@naver.com

마지막 치기의 치열함으로
- 영화 글루미 선데이에 대한 44가지 담론 -

권남희

처음 이 책을 서점에서 왜 집어 들었는지 기억이 나지 않는다. 문학 수업에 쓸 만한 책이 무엇이 있을까 고민하며 교보문고와 반디앤루니스를 오가고 있을 때였다. 예술 철학이나 미학 강의, 인문학 코너에서 기웃대다 '미학 에세이' 분류에 이끌려 이 책을 고르고 읽어가면서 감탄하고 감동 받았다. 어떻게 한 편의 영화에 수십 가지의 주제가 나오고 그에 따른 철학적 탐색이 가능할까. 수필도 이렇게 써야한다며 주변 사람들에게 『멜랑콜리 미학』 책을 추천했다. 김동규 철학 박사의 팬이 되어 12주로 이 책을 쪼개어 강의 때 매주 하나씩 소개하는 시간을 가졌다.

그동안 욕심을 부려 사두고 실패한 책들이 얼마나 많은가. 싸구려 번역을 했다며 출판사를 욕하고 접근 불가의 그 난해성 때문에 책꽂이 가장 높은 곳에 올려두고 가끔씩 꺼내 혹시나 하는 마음으로 뒤적이는 책들은 많다.

『도상해석학 연구』『독서 알레고리』『발터 벤야민 문예이론』『자크라캉 욕망이론』『오스카와일드 예술 평론』『보이는 것과 보이지 않는 것』『롤랑바르트의 글쓰기의 영도』『예상 표절』등….

이 책들의 가독성과 이해력을 높여주는 재탄생을 기다리면서 나는 『멜랑콜리 미학』 예찬론자가 되었다.

『멜랑콜리 미학』은 저자가 프롤로그에서 밝힌 것처럼 영화 〈글루미 선데이〉를 바탕으로 한 44가지 테마를 잡아 전개하고 있다. 서구의 자기애적인 '사랑론'과 자유의 최고의 형식으로 전개되는 '죽음론'에서 독특한 멜랑콜리 미학이 형성되고 있음을 보여주고 있다.

헝가리 부다페스트 작은 레스토랑 주인 라즐로와 연인 관계인 젊은 아가씨 일로나, 그녀를 짝사랑하는 안드라스와 독일군 한스. 이들이 만들어내는 사랑과 배신, 죽음, 반전 등은 얼핏 통속적인 요소를 모두 가지고 있다. 하지만 철학자 하이데거도 '인간은 인간인 이상 통속적일 수밖에 없으며 완벽하게 그것을 제거할 수는 없다'고 했다.

영화에서 가장 핵심은 음악이다. 〈글루미 선데이〉는 여주인공 일로나에 대한 젊은 피아니스트 안드라스의 비밀스러운 사랑으로 작곡되었기 때문이다. 이 음악은 후에 수많은 젊은이들을 자살하게 하고 안드라스도 자살한다.

"이 영화의 멜랑콜리는 비극적인 자기애적 사랑, 서양 문화에 뿌리깊이 새겨진 자기 사랑에서 유래한 것이다."

-『멜랑콜리 미학』349페이지 하단

Melancholy 개념은 깊은 생각, 애수, 우울이고 이 정서들은 인간에게 기본적으로 깔려 있다고 한다. 미학은 헤겔의 말을 빌리면 정확한 명칭은 '예술 철학'이다. 이 명칭의 마땅한 예를 들면 '예술의 꽃은 사랑이 죽음을 만날 때 만개한다.' 정도이다(『멜랑콜리 미학』프롤로그 13쪽 참고).

멜랑콜리를 말하면서 프로이트를 빼놓을 수 없다. 그는 「슬픔과 멜랑콜리」글에서 멜랑콜리를 나르시시즘과 연결시키고 있다. 프로이트는 정상적인 슬픔의 상태와 마음의 질병인 멜랑콜리를 구분하고 있다. 두 가지의 공통점은 사랑과 사랑대상의 상실이고 슬퍼하며 애도작업을 긍정적으로 마치면 좋지만 애도작업에 실패하면 멜랑콜리라는 심각한 질병에 걸린다고 밝혔다.

이 책의 본문은 모두 3부로 이루어져있고 영화 〈글루미 선데이〉 분석편이라 할 수 있다.

제 1부는 플라톤의 에로스를 중심으로 사랑론을 재구성하는 '사랑의 면류관'(첫눈에/ 시선의 감촉/ 상사병/ 비상의 꿈/ 고백/ 선물/ 거래/ 이해/ 육체/ 젊음/ 맛과 멋/ 아름다움/ 에스테티쉬/ 내기/ 잃어버린 반쪽/ 불멸의 사랑/ 상실)이며 17개의 주제를 다루고 있다.

라즐로의 레스토랑을 찾은 안드라스와 푸른꽃을 가득 안은 일로나의 첫 만남은 시선의 부딪침으로 시작된다. 저자 김동규는 이 장면을 만해 한용운의 '날카로운 첫 키스' 만큼이나 황홀한 첫 눈맞춤으로 표현했다. 눈은 자기임을 알리는 아이디이며 자기 현시의 장소이기 때문에 눈을 사로잡으면 존재 전체를 사로잡을 수 있다는 것이다. 사랑이 없으면 눈물도 없기에 눈맞춤으로 시작된 사랑은 눈물로 막을 내린다. 안드라스를 바라보는 일로나와 질투의 눈빛으로 일로나를 어루만지는 라즐로, 시선의 감촉에서 일로나는 욕망을 느낀다. 사랑은 거래를 초월하지만 인간의 사랑은 완벽하게 거래 관계를 제거할 수는 없기에 결국 이들은 셋이 공유하는 사랑으로 거래를 한다.

제 2부 '죽음의 흔적들'은 하이데거의 죽음론을 중심으로 서양인들이 어떻게 자유와 죽음을 연결짓고 있는지에 초점을 맞추고 있다. 인간은 태어나자마자 죽기에는 충분히 늙어 있다고 한 하이데거의 말처럼 우리는 이미 죽음 안으로 던져진 존재들인 것이다. (기약 없는 이별/ 시체와 유령/ 먹이살생부/ 완장/ 이방인/ 질투/ 선택/ 존엄성/ 숭고/ 남성적 자유/ 검은 담즙/ 자살/ 애도) 글루미 선데이 영화에서는 몇 개의 죽음이 나온다. 안드라스의 자살, 목을 맨 화가, 글루미 선데이를 듣고 자살하는 사람들, 라즐로의 죽음, 독살 당한 한스 등에서 사람들은 삶을 파괴하는 폭력을, 배신을, 먹이 사슬을 느끼게 된다. 타자를 자기화 하는 행위의 가장 원초적인 행위가 먹는 것이고 그것은 소유하고 주인이 된다는 의미이다. 미식가였던 한스가 좋아했던 쇠고기 요리 '롤 플라이쉬'

도 먹는 행위의 폭력성을 은폐하기 위해 발명해낸 문명의 산물인 요리법의 하나에 불과하다. 형체를 알아볼 수 없는 모양으로 자르고 다지고 굽고 찌고 튀기고 절이는 방법들은 그 문명의 가식과 위장술의 깊이를 보여주는 것이다.

제 3부 '멜랑콜리의 노래'는 예술의 주요 미학 개념들이 모두 사랑과 죽음을 근원으로 삼고 있음을 보여주고 있다. (노래/ 이미지/ 진트플루트/ 사진/ 아우라/ 푼크툼/ 서양예술의 멜랑콜리/ 새턴/ 기억과 망각/ 천재/ 비극/ 예술이란?/ 예술과 철학이 눈에 들어올 때/ 미래의 멜랑콜리).

드라마나 영화보다 OST가 더 유명해지는 경우가 종종 있다. 김지미, 남궁원이 출연한 한국영화 〈흑화〉는 흥행에 실패했지만 이미자가 부른 '첫눈 내린 거리'는 유명해져 라디오만 틀면 노래가 나왔던 적이 있다.

한스가 죽기 전 중얼거린 "저주받은 노래야. 그때는 사랑으로 작곡되었는데…."의 글루미 선데이는 안드라스가 일로나의 생일날 그녀에게 헌정한 노래다. 노래는 사랑하는 이를 전제로 하기 때문에 진솔한 노래는 멜랑콜리할 수밖에 없다. 사랑에서 태어난 노래는 죽음을 부르고 사랑을 위한 노래는 치명적인 파멸의 전주라고 한다. 뱃사공을 홀리는 세이렌의 노래처럼, 로렐라이의 노래처럼 말이다.

이 책 마무리에서는 영화를 모르는 독자들을 위해 〈글루미 선데이〉 영화 줄거리까지 소개하고 있어 아주 친절한 책이라는 생각을 하게 된다. 『멜랑콜리 미학』에 등장하는 영화들 14편의 제목과 감독이 정리되었고 5페이지에 걸쳐 참고 문헌이 수록되었다.

김동규는 이 책을 담론으로 엮게 된 배경을 고백했다.

대학교 수업 시간에 책을 내겠다고 무심코 했던 말을 1학년 때 들었던 여학생 제자가 4학년이 된 어느 날 교정에서 마주쳤을 때 물었다고 한다. "멜랑콜리 미학 책을 내셨냐."고….

그때 부끄러워 얼버무리고 말았는데 그런 경우를 여러 번 겪고 나서 결심을 했고 마지막 치기를 원동력으로 『멜랑콜리 미학』 책을 엮었다고 한다. 자신의 마지막 치기에 감사한다고도 썼다.

이 책에 무한 감사를 전하며 나도 언젠가는 영화 한 편으로 50가지 테마를 잡아 책을 내고 싶다고 강의 시간에 밝힌 지 십년이 넘었다. 이제 치기도 말라 버렸으니 부끄러움을 동력으로 내 인생의 큰 줄기 같은 테마들을 세워 한편의 영화를 찍는 것처럼 써보고 싶다.

권남희 | 『월간문학』수필 등단(1987년). 현재 사단법인 한국문인협회 수필분과 회장. 계간 리더스에세이 발행인. 도서출판 소후 대표. 한국수필가협회 부이사장. 한국 여성문학인회 이사. 한국학술문학 저작권협회 이사. 미래수필문학회 고문 등. 사)한국수필가협회 편집주간 13년 근무. 수필강의 : 롯데잠실점, 롯데강남, 덕성여대 평생교육원, 현대백화점 신촌점, 월요수필 연구반 출강. 저서 : 수필집 『그대 삶의 붉은 포도밭』 『육감 하이테크』 『목마른 도시』 『그래도 다시 쓴다』 『이제 유명해지지 않기로 했다』 등 10권. 수필작품해설 1권. 수상 : 22회 한국수필문학상. 제 8회 한국문협 작가상. 제 11회 한국문학 백년상. 구름카페 문학상. E-mail : stepany1218@hanmail.net

두 권의 책

최문석

어느 날 아내가 꺼내온 낡은 궤짝 하나는 나의 마음을 뺏기에 충분했다.

내가 군대를 제대한 후 흔한 사과 상자를 개조하여 틈을 바르고 위문편지를 비롯한 각종 기념품들을 넣고 열쇠를 만든 후 수시로 받은 편지들을 그 속에 넣어두고 있었는데, 이사를 다니면서 한참을 잊고 있다가 이제야 찾은 것이다. 뚜껑을 여니 여러 뭉치의 편지들이 가득하다.

우선 손에 잡히는 대로 몇 장을 꺼내 읽고 나니 쌓인 먼지 때문인지 목이 따가워 마스크를 써야 했다. 마스크를 쓴 채 편지들을 계속 읽어가는 동안 나도 모르게 나는 50년 전의 시간 속에서 흥분하고 있었다. 까마득하게 잊고 있었던 사건들을 되살려 주기도 하고 얼굴도 생각나지 않는 사람들의 이름을 되살려 주기도 한다. 그러나 편지를 보낸 많은 사람들이 이미 이 세상 사람이 아니라는 사실에 놀라면서 가슴을 아프게 한다. 그래도 우선 가까이 있는 친구에게 전화해서 오십 년 전에 네가 보낸 편지가 지금 내 손 안에 있다고 하니 빨리 한번 보내 보란다. 오십 년 친구 증명서란 이름으로 우송해 주었더니 무척 기뻐한다. 내용보다는 시간을 돌이킬 수 있는 수단이 되어 우리의 기분을 젊음으로 되돌려 주었기 때문일 것이다.

 목이 따가워 하루에 많은 시간을 쓸 수가 없었기에 정리를 마치는데 꼬박 이 주가 걸렸다. 저승에 있는 친구의 많은 편지를 그 부인에게 보냈더니 고마워 한다. 읽고 나서 무덤가에 묻어 달라 했더니 서재에 두겠단다. 막내 여동생을 만나서는 네가 공부하기 싫어서 수업 시간에 써서 보낸 편지라면서 주었더니, 내가 이런 편지를 언제 썼지 하고 놀랜다. 그도 이미 손자가 있는 할머니다. 언제나 훈계로 가득한 아버님의 편지는 따로 모아 둔다. 낯익은 글씨가 정겹다. 대부분의 편지들은 파쇄기에 넣어서 없앴다. 나도 이제 주변을 정리할 때이기 때문이다.

 그 시절엔 핸드폰이 없어서 그랬을까? 참으로 많은 편지들을 주고받았다. 나의 수필 쓰기의 공부는 편지 쓰기를 통해서 이루어진 것인가 싶기도 하다. 많은 친구들이, 네 편지 받고 답장 늦어 미안하다라고 시작되는 편지를 쓰고 있고, 심지어 우표값이 다 떨어져 몇 통의 네 편지 답장을 한참 만에 부친다는 편지도 있다. 그만큼 내가 열심히 편지를 썼다는 말이 된다. 그러나 대부분은 자기 고민이다. 가정 교사를 하면서 가르치는 학생이 성적이 오르지 않아 고민. 친구들끼리 어울려 당구를 쳤는데 시간을 넘겨 시계를 맡기고 찾지 못해 고민. 마음에 드는 여자를 만났는데 고백을 못해 고민. 그런 고민들을 나누면서 우리는 모두 학교를 졸업하고 군대를 제대하고 취직하고 결혼을 하고 했다. 그러고도 계속 연락을 하고 지낸 친구도 있지만, 대부분은 저마다의 길을 걸어 자식들을 키우고 바람결에 저세상으로 갔다는 소식을 듣게 된 친구들도 많다. 같은 시대를 공유하면서 산다는 것도 보통 인연은 아니다. 하물며 같은 학교를 다니고, 서로 친구로서 편지를 보내어 안부를 물었다는 것. 편지들을 모두 파쇄해도 그 귀중한 인연들은 가슴속에 묻어두고 싶다. 불교에서는 시간도 공이라 한다. 몇 통의 편지에 묻어서 존재했던 오십 년의 시간이 사라지려 한다.

편지를 들어낸 밑바닥에서는 두 권의 책이 나왔다. 내가 초등학교에 입학하기 전에 읽었던 『천자문』과 6·25 전쟁에 피난 가서 배운 전시용 교과서 『싸우는 우리나라』였다. 오래전에 고향에서 가져온 궤짝에서 할아버지의 유품들과 함께 나온 것이었는데 내 책만 편지들과 함께 넣어둔 모양이다. 한지를 엮어서 만든 천자문을 펼치는 순간 나는 아버지의 오래전 편지를 읽는 것과는 또 다른 감회로 가슴이 젖어 온다. 손수 엮고 쓰신 책 뒤에는 "너의 발전은 곧 나의 발전이요 희망이다."라고 적힌 글귀가 보이고, 반도 읽지 못한 흔적과 낙서들이 실망으로 다가와 아버지의 기대에 미치지 못한 나의 삶이 부끄럽기도 하고 이만큼이라도 이룬 것이 있다면 이는 아버지의 덕이구나 싶었기 때문이다. 책을 다 읽지는 못했지만 내가 배운 첫 글자가 하늘 천과 땅 지였다는 것과 다음에 적힌 우주라는 말을 학교에 입학하기 전에 배우고 다른 교과들을 공부했다는 것이, 내 인생 진로에 분명 영향이 있었다는 생각이 들기도 했다. 그때는 읽지 못했던 마지막 글자 언(焉)재(哉)호(乎)야(也)를 큰소리로 다시 읽었다. 그때 다 읽지 못한 책을 이제야 마치는구나 싶은 생각도 있었지만, 대학 물리학과를 같이 졸업한 친구의 호가 '언재'라는 생각이 났기 때문이다. 그 친구는 대학을 졸업하고 물리학 공부를 계속하러 미국에 갔는데 어느 날 목사가 되어 내 앞에 나타났다. 이름을 부르기 미안하여 호를 물어보는 나에게 천자문 맨 마지막에 있는 의미 없는 글자 '언재'를 쓴다고 했다. 그가 호를 천자문의 마지막 글자에서 골라 썼다면 그도 천자문을 읽었을 것 같고, 같이 물리학을 공부하고 목사가 된 것이나, 내가 물리학을 공부하고 불교 공부를 하게 된 것이 혹시 천자문 첫머리 글자와 관계가 있는 것은 아닐까 싶은 생각이 들었기 때문이다.

　다음은 내가 초등학교 4학년 때 쓰던 교과서다. 책이라고 하기에는 너무나 초라한 모습이지만 전쟁 중에 나무 밑에서 가마니를 깔고 앉아 공부하던 책이니 오히려 정겨웁다. 1절은 '평양에서 온 인순이' 2절은 '없어진 삼팔선'으로 추운 겨울 눈 오는 아침에 평양에 사는 이종사

촌 인순이가 이모와 함께 피란을 오는 것으로 시작하여, 그동안 해방의 기쁨과 북쪽의 공산정권 남쪽의 정부 수립 공산당의 남침 전쟁 중 공군의 침입으로 피난을 오게 된 사정을 초등학생 수준의 이야기 형식으로 쉽게 기술되어 있다. 단기 4283년 6월 25일 김일성이 남한으로 군사를 몰아넣었다는 설명 옆에는 일요일 오전 4시라는 연필로 쓴 내 글씨가 있다. 선생님의 설명을 쓴 것일 터이다. 단기 4281년에는 선거를 통해서 대한민국 정부가 섰고 유엔이 대한민국 정부를 우리나라의 오직 하나인 정부로 인정하였다는 내용도 있다. 비록 보잘 것 없는 책이지만 이를 통해 전쟁 중에도 계속해서 공부를 할 수 있었고 이때 배운 지식과 정서는 내 일생 동안의 애국심의 근거가 되었음이 틀림없다.

우연히 발견된 두 권의 책은 비록 초라한 모습이지만 함께 있던 편지와 함께 나의 시간을 칠십 년 이상으로 되돌려서 나의 삶을 초라하지 않게 하고 그 어린 마음에 새겨진 내용은 내 삶의 운명이 되었음을 느끼게 된다.

최문석 | 『월간문학』 수필 등단(1987년). 대표에세이문학회 회장 역임, 경남수필문학회 회장. 사)남명학연구원. 학교법인 삼현학원 이사장. 저서 : 수필집 『에세이 첨단과학』 『살아 있는 오늘과 풀꽃의 미소』. 시론집 『崔文錫의 時論』(2001년) 발행. E-mail : mschoe3@hanmail.net

새벽에 우는 뻐꾸기

고재동

형실지공(螢雪之功)이라 쓰고 반딧불이와 눈을 적는다.

요 며칠 밤하늘을 봤다. 매년 이맘때면 오던 반딧불이가 보이지 않는다. 가로등 불빛을 쫓아 하루살이와 나방들이 날 뿐이다. 앞으로 영원히 보지 못할 수도 있다는 생각이 미치자 왠지 불안해진다. 모르긴 해도 귀촌하여 7년, 재작년까지 한 5년은 여름 밤하늘에 반딧불이가 나는 현장을 목격하고 환희를 불렀던 것 같은데. 그 반딧불이는 늦으면 9월까지 풀숲에서 짝을 찾는다. 그들이 함께 사랑의 세레나데를 부르는 현장에 내가 같이함에 고무되어 있었다.

반딧불이는 청정해야 온다. 반딧불이는 어두워야 온다.
유년 여름밤, 날아다니는 불빛을 낚아채면 반딧불이 한 마리가 손쉽게 잡혔다. 열 마리 넘게 잡아 성냥갑에 넣어뒀다가 다음 날 빛을 잃은 그들을 보고 허무와 미안함이 교차했던 그때가 오롯하다. 지금은 개체 수가 줄어 손으로 잡기는커녕 눈요기도 점점 어려워진 현실을 본다. 합방을 성공한 그들은 개울이 가까운 청정 물가에서 동면한다. 개똥벌레는 방범등 밝은 곳에서는 그들의 존재가치가 없다. 캄캄한 여름밤 청정한 하늘이어야 그들이 뜬다.

지난겨울은 눈다운 눈이 한 번도 내려 쌓인 적이 없다. 학창 시절 눈 내린 시골집 뜰에 나가 책을 본 적이 있다. 띄엄띄엄, 실제로 글씨가 보였다. 호롱불보다는 훨씬 어두웠지만, 실험 삼아 눈빛에 책을 읽어보았다.

올해 농업 관련 학과에 신입생으로 입학했다. 농민 자격을 취득한지 7년, 아직 초보 농부지만 농민이 아니라 부정할 수는 없다.

주경야독(晝耕夜讀)은 아니다. 요즘 나는 낮에는 운동과 노는 게 일상이고, 밤엔 일해 왔으니까 여기에다 야독(夜讀)을 보탠 격이다. 그러다 보니 밤에 과부하가 걸린다. 입학하자마자 코로나가 와서 온라인 수업으로 한 학기를 마치게 되었다. 그나마 아이들의 도움을 받기도 하고 시간을 분배할 수가 있었다. 기말고사 때는 코피가 났다. 주휴야독사(晝休夜讀耕)는 힘에 겹다. 이 나이(?)에. 20대에서 60대가 학생의 분포다. 그중에서 내가 가장 고령이고, 20대 학생과는 마흔두 살 차이다. 요즘 젊은 세대가 많이 쓰는 신조어 '헐~'이다.

20여 년 전 10대 후반, 20대 초반 학생들과 2년여 국문과 수업을 들은 적이 있었다. 그때 고전 문학 교수님과 친분이 두터워 선생님의 두 시간 수업 중 한 시간은 내가 대신 교단에 선 적이 있다.

나는 칠판에 분필로 '거꾸로 사는 재미'라고 적었다. 소장하고 있던 1983년에 간행된 이오덕 선생님의 수필집을 들어 동급 학생들에게 입장이 바뀐 교단에서 공개했다. 발췌한 부분을 복사한 교재를 40여 명 학생에게 골고루 나눠줬다. 그때 수업한 내용이 잘 기억은 나지 않지만, 나의 거꾸로 사는 인생철학과 이오덕 선생님의 거꾸로 사는 지혜를 같이 배웠고 책 내용도 일부 소개한 것 같다. 국문과 학생이 아니더라도 젊은 세대가 반드시 봐야 할 책이라며 한 권씩 꼭 사 읽을 것도 주문했다.

한 시간 수업이 끝나자 학생들이 기립하여 박수를 보냈다. 내 강의가 유익하여서라기보다 틀에 박힌 따분한 고전 문학 강의에 비해 느슨하고 부담 없는 늙은 동급 학생의 강의가 신선했던 것일 게다. 잘생긴(?) 얼굴 덕도 한몫했을 터이다.

> 구들장에 거꾸로 누워
> 낮잠을 청해 본다
> 가을 햇살
> 창문 비집고 들어와
> 배 위에 길게 누워
> 이불 덮고 같이 자자하네
>
> －「귀촌 · 23」

가난한 사람이라야 정치를 할 수 있고, 교육도 학문도 할 수 있다. 목사도 가난해야 진리를 말할 수 있다. 예술가도 다 그렇다.

아이들을 가난하게 키워야 한다. 먹기 싫어하는 우유고 빵들을 억지로 먹이고 있는 부모들은 그 자식들에게 죄악을 저지르는 것임을 알아야 한다. 그렇게 자란 아이들은 결코 인간다운 생각과 생활을 하지 못할 것이다.

아이들에게 화려한 옷을 입히려 하지 말고 간소한 옷을 입히는 것을 자랑으로 여겨야 한다. 아이들은 본디 옷차림에 관심이 없다. 아이들에게 사치와 허영을 강요하고 물들게 하는 죄를 범하지 말아야 한다. 거짓스러운 옷으로 몸과 마음을 병들게 할 것이 아니라 차라리 흙바닥에서 뒹굴고 햇볕에 살갗을 그을리게 하는 것이 좋다.

아이들에게 종이 한 장을 아껴 쓰는 마음을 갖게 하는 일은 소중하지만 돈을 모아 악착같이 저금하는 버릇을 들이는 것은 반성할 점이 많다. 돈에 미친 세상에서 아이들마저 돈벌레가 되도록 해서야 되겠는가.

아이들에게 일을 시켜야 한다. 일하지 않고 자라난 아이들은 결코 사람다운 마음을 가질 수 없고 사람다운 행동을 할 수 없다… 물을 길어 나르고 쌀을 씻고 정성 들여 돌을 이는 그 생활에서 사람다운 느낌과 생각이 나올 수 있다.

가난만이 우리 인간의 참 살길이다. 물론 모두 같이 인정을 나누면서 살아가는 가난 말이다.

- 이오덕의 『거꾸로 사는 재미』 중에서

이 책에 나오는 선생님이 1979년에 쓴 '가난하게 사는 지혜'를 살짝 엿봤다. 무슨 해괴한 소리냐고 빗대는 사람들이 있을지 모르나 돈벌레로 키운 우리 아이들이 성장하여 엮어가는 작금의 세태가 어떻게 되었는가 돌아볼 필요가 있다. 물질 문명을 쫓아 얄팍한 지식으로 부자가 되어 수억, 수십 억대 아파트에 살면서 헉헉대며 골골하는 현대인을 보며 안쓰러운 맘 금할 길 없다. 코로나가 창궐하여 속수무책인 현대 사회, 시대를 역행하고 있다. 가난하게 사는 지혜를 몰랐기에, 올바르게 인식 못 했기에 빚어진 결과물이 아닐까 한다.

돈에 미친 세상에서 아이들마저 돈벌레가 되도록 해서야 되겠는가.

『거꾸로 사는 재미』는 선생님이 작고한 이후, 2005년에 재출간 되었다. 1970년대와 80년 초반에 쓴 책이지만 요즘 사람들이 경청해야 할, 꼭 들어야 할 내용으로 꽉 차고 넘친다.

이오덕 선생님과는 스무 살 무렵에 인연이 닿았다. 아동 문학에 심취해 있던 그 당시에 쓴 동화 두 편과 지도편달을 받고 싶다는 내용의 편지를 써서 보낸 게 계기가 되어 선생님과 인연을 맺었다. 좋은 동화를 쓸 수 있다는 격려와 함께 권정생 선생님을 소개해 주기도 하셨다. 군 일등병일 때 선생님께서 회장을 맡고 계시던 안동문인협회에 권정생 선생님과 두 분이 추천하여 가입시켜 주셨다. 그래서 지금까지 40년 넘게 협회와 인연을 이어왔다.

권정생 선생님과는 당신이 교회 종지기로 계실 적 출입문 오른편에 붙은 코딱지만 한 방에서 밤을 새우며 동화를 들었다. 『강아지 똥』을 쓰시게 된 경위와 동화 작법에 대해 천정을 보며 누워 경청했던 때가 아스라하다. 찌익찍, 천정에서 생쥐가 함께 동화를 썼다.

두 분 선생님은 세상을 떠나셨지만 글은 고스란히 남았다. 잘 정리되어 있는 SNS에서도 이오덕, 권정생 선생님의 인생관과 문학관을 엿볼 수는 있지만, 수십 권에 달하는 당신들의 책이야말로 이 시대를 사는 사람들의 길잡이가 될 것이다.

국회의원을 하던 사람이 고향으로 돌아와 이장(里長)을 한다는 소식은 아직 듣지 못했다. 이장을 하던 사람이 군수를 거쳐 국회의원, 장관한 사실은 있어도.

내가 사회에 나와 가장 먼저 새긴 명함이 '예광사' 대표였다. 비록 동생의 배려였지만. 나는 과연 살아오면서 위를 쳐다보지 않았다고 자부할 수 있을까? 시골에 처박혀 우초(愚草)처럼 무지렁이로 사는 삶을 실천한다지만 진정 거꾸로 사는 삶을 살고 있기나 하는 걸까?

대서(大暑)로 가는 새벽, 시골의 여름밤은 반딧불이는 보이지 않고 짝 잃은 뻐꾸기만 나의 물음에 화답이라도 하는 듯 길게 운다.

고재동 | 『월간문학』 신인상 수필 당선(1988년). 현재 국제PEN 한국본부 경북위원회 회장, 전 한국문인협회 안동지부회장. 저서 : 시집 『바람색 하늘』 『바람난 매화』 『바람꽃 그녀』 『바람의 반말』. 수필집 : 『낮달에 들킨 마음』 『간 큰 여자』 등. 제 39회 한국수필문학상 수상. E-mail : kjd551225@naver.net

내 인생 두 권의 책

이은영

나의 사춘기 즈음에 한 여자와 한 권의 책을 만났다. 펄벅을 만나고 『대지』를 만났다.

감동이며 놀라움이었다. 나에게 대지는 문학의 꿈을 꾸며 예술의 경지와 만나는 새로운 세계였다. 나는 이미 펄벅으로 인하여 한 인간으로의 길을 찾게 되었으며 예견된 작가로서의 자질을 위해 준비하고 갈망하는 문학인의 자세가 되어갔다. 나의 인생 이야기의 전개나 되는 듯 그 주인공의 이야기 펄벅의 소설 『대지』에 빠져들었다. 그리고 몰입하여 내 삶에 접목되었다.

한 여인이 한 남자를 만난다. 한 공간에 갇히듯 중국 거부의 집에서 허드렛일과 힘든 일만을 해 오던 여인이 자신을 데리러 온 한 남자의 손에 이끌려 독립하게 된다. 그 남자는 따뜻한 한 잔의 물에 찻잎 하나

우려먹어도 사치이며 낭비라고 생각해 온 가난한 농가의 청년 '왕룽'이다. 결혼식 대신 동네 친척들을 몇 명 초대해서 음식을 베풀고 알리고 싶어 했던 주인공 왕룽을 그녀는 운명적으로 받아들였다. 그녀는 남보다 부지런히 땅을 일구고 태양 아래 흙 위에 아기들을 낳아서 옷에 싸서 눕혀 놓고도 쉴 줄을 모르고 농사일을 해서 생활의 수확을 늘여 나가고 저축하던 순수한 여인, 그녀는 사랑한 모든 것들에 올인했다.

그 여인은 우리의 모습이었다. 믿어 왔던 남편의 배신, 메뚜기 떼는 지긋지긋한 수난이었다. 가뭄으로 쩍쩍 갈라지던 대지 흙을 삶아 먹어야 했던 배고픔, 이러한 저주의 지긋지긋한 시간들은 지나가고 "당신은 대지였소." 남편의 마지막 한 마디의 감동은 지금까지 내 인생의 지표가 되었다.

또 한 권의 책은 『세상의 모든 딸들』이다.
딸아이가 추천해 준 책이다. 인류학자의 책인데 나는 책을 읽으며 가끔 가슴이 먹먹하고 슬펐다. 순록의 떼를 따라다니며 계절을 따라 이동하던 시절, 문명이 발달하기 전 짐승도 아니고 사람도 확실하게 될 수 없었던 인간의 자존심을 잘 표현한 작품인 것 같았다.

여자이기에 겪어야 했던 생리와 자아의 슬픔, 샘솟던 사랑의 갈등도 공감이 되었다. 그러나 여자이기 때문에 감수해야 했던 고통과 외로움은 야난 개인의 몫이기도 했지만 공감하는 나의 고통과 슬픔이 되었다.

어느 날 내 동생이 내게 말했다. "언니! 우리 인간은 어머니의 애간장을 다 뜯어 먹으며 산다네요." 그 말은 너무 징그럽고 슬펐다. 나만은 내 엄마처럼 살지 않을 거라고 울부짖던 사람들도 결국은 세상의 모든 딸들처럼 엄마의 힘들고 슬픈 고통을 따라 할 수밖에 없다던가?

하지만 여자로서 같은 고통을 겪어 내야 할 것을 생각하면 안타깝고 안쓰러워 여자만이 서로 공감하며 서로 위로하며 살아가는 세상의 모든 딸들을 나는 응원한다.

이은영 | 『월간문학』 수필 등단(1990년). 500만원 고료 서울찬가 최우수상 수상. 저서 : 수필집 『이제 떠나기엔 늦었다』. 2001년 동포문학상 수상. 2013년 문파문학 시부문 신인상 받음. 대표에세이문학회 회장 역임. 김소월문학상 본상 수상. E-mail : 3050rose@hanmail.net

빙점 그리고 덕혜옹주

안윤자

나의 독서 목록에서 단지 두 권의 책만을 고르라 하면 어떤 것을 찜할 수 있을까? 그보다도 이쯤 살아오면서 읽은 책의 권수는 얼마나 되는 것일까? 완독은 못했을지라도 내 손길을 거쳐 간 책들의 수효는 하늘의 별만큼 많을 것이다. 30년 넘는 세월을 오직 책과 씨름한 도서관의 사서로 살아왔기 때문이다.

책은 평생 내 일의 도구이며 대상이었다. 연말이 다가오는 시점이면 새해에 구입해야 될 책들의 리스트를 작성하고 억 소리 나는 예산을 편성하여 원안대로 통과시키는 일이 최대의 목표였다. 그런 일련의 작업들을 무사히 통과해서 마침내 상면하게 되는 수많은 종류의 단행본과 저널들을 하나하나 분류하고 관리하며 존재 이유와도 같은 그 책들과 더불어 살아갔다.

그렇게 두더지처럼 책 속에 파묻혀서 숨을 쉬다가 종래는 책을 저술하는 작가의 반열에 들게 되었다. 단순 소비자에서 생산자의 위치로 승격했다고나 할까. 여하간에 책의 관리자인 동시에 저자가 되었으니 오직 책을 매개로 살아온 셈이다. 내가 전공한 일의 도구가 돈을 세거나 계산하는 일이 아닌 책이라는 사실에 대해 나는 얼마나 뿌듯했던가. 그것은 너무도 큰 행운이었고 속 깊은 자부심이었다.

그런 나에게 가장 익숙한 향기는 책 냄새다. 여름 장마철이나 눅눅한 우중이면 도서관 서가에서는 특유의 퇴퇴한 책 냄새가 풍겨온다. 오래되어 조금씩 틀어진 나무서가 위의, 자신의 분류기호 자리를 굳건히 지키고 서서 발산하는 활자화 된 종이들의 냄새! 연륜이 오래된 책일수록 냄새가 깊다. 새책에선 휘발성의 잉크 냄새가 나지만 오래 묵은 책에서는 옅은 나무 향내가 난다.

이 다정한 서가들에서 어떤 책 두 권을 뽑아내야만 할지? 두 말 할 나위 없이 책은 나를 키워준 바람이었다. 감수성이 충만했던 학창시절, 학교 도서관의 서가에서 빼내 읽은 책들의 성향을 통해 나의 가치관이 형성되었을 것이기 때문이다. 그때 나는 소수의 문학 서적과 대량의 명상서에 탐닉했다.

아마도 고교 일학년 때쯤일 것이다. 몹시 심취하여 빠져든 책 중의 하나가 『빙점』이다. 유감스럽게도 지금 내 서가엔 꽂혀 있지 않다. 허나 세월이 무수히 흘러갔어도 『빙점』의 작가와 책 이름만은 뇌리에 새겨있었다. 그만큼 각인된 책이었다.

"내 마음의 얼음점은 어디인가요?" 하고 어느 날 내게 불쑥 질문을 던졌던 '미우라 아야코!' 일본의 여성 작가다. 키가 쑥쑥 큰 삼나무들이 빽빽한 천연림과 새파란 잎새들이 도시 전체를 덮은 북해도에서 강물이 흐르고 눈 덮인 설산의 국립 공원이 있는 그림 같은 고장 아사히가와가 그녀의 고향이며 작품의 무대다.

작가 미우라 아야코(1922~1999)는 폐결핵과 척추염, 파킨슨이라는 혹독한 지병을 달고 병마에 시달렸다. 그런 아야코가 고향 마을에 구멍가게를 열었다. 동네 잡화상을 운영하며 운 좋게도 많은 이익을 창출해 낼 수가 있었다. 반대로 경쟁 상대방의 가게는 울상이었다. 그 사실을 알게 된 아야코는 과감히 자신의 이익을 줄이면서까지 상대의 가게를 배려했고 단지 그의 행복을 빼앗지 않으려 손실을 감수했다.

망설임 없는 선행의 실천이었다. 그 결과로 생긴 시간 틈틈이 작은 다다미에서 그녀는 집필에 열중했다. 이렇게 써 내려간 작품이 1964년 아사히신문 천만엔 현상 모집에 당선된 「빙점」이다.

"어떤 상황 속에서도 나의 행복이 남에게 불행이 되지 않도록 배려"한 섬세한 박애 정신이 그녀 삶의 이정표였다. 그녀에게 있어 '빙점'은 선과 악을 가르는 의식의 경계점이었던 셈이다. 출간되자마자 이 책은 날개를 달고 세계적인 베스트셀러가 되었다. 그녀를 기리는 문학관이 작가 사후가 아닌 이미 살아있는 당시에 세워졌으니 아야꼬는

참 행복한 작가였을 것이다.

감성의 빛깔이 푸르렀던 십 대에 심취한 『빙점』은 자기 이익과 행복만을 추구하는 인간들이 극도의 이기심에서 벗어나기를! 그리고 적어도 누구에게든 선한 존재로 남고 싶다는 이타심에 대한 무한 동경을 나에게 일깨워준 책이 아니었나 싶다.

원작 『덕혜옹주』 또한 일본 여성사 연구자인 혼마 야스코의 저서다. 덕혜옹주(1912~1989)는 고종 황제의 고명 따님이다. 잘 알려진 바와 같이 오백 년 조선 왕조가 명운을 다한 시기, 망국의 황제 딸로 태어난 덕혜옹주의 생애는 불행 그 자체의 상징이었다.

14세에 일본으로 끌려간 덕혜옹주는 압제자의 제물이었다. 마침내 정신병자가 되어 폐인으로 전락했고, 혹독한 식민지하를 거치면서 이 가련한 옹주는 철저히 세인들의 기억에서 잊혀 갔다. 해방된 조국에서도 역사의 지평 저 너머로 이미 사라져간 왕조의 마지막 황녀를 기억하는 백성은 아무도 없었다. 이런 비극적인 덕혜옹주의 일본에서의 삶을 추적하여 세상 밖으로 소환해 낸 인물이 혼마 야스코다.

혼마 선생은 덕혜옹주의 생애를 더듬어가면서 그 자체가 자신에게는 한일 근대사를 공부하는 것과 마찬가지였다는 소회를 밝힌 바 있다. 철저한 고증을 바탕으로 저술된 『덕혜옹주』가 2008년 국내에서 번역 출간된 이후 마지막 황녀에 대한 세간의 관심이 폭발하였다. 이후

발표된 덕혜옹주에 관련된 모든 연구자료나 여타의 기록들은 거의 백서나 다름없는 이 책을 텍스트로 씌여진 작품들이다.

나 또한 혼마 야스코의 『덕혜옹주』를 몇 번이고 씹듯이 읽으면서 어느 출판물에서도 느껴보지 못한 생생한 리얼리티에 몸을 떨었다. 황국의 딸로 태어나서 가장 불행한 여인의 대명사가 된 덕혜옹주!

혼마 야스코 선생의 『덕혜옹주』는 나로 하여금 마침내는 구한말을 무대로 한 역사 소설을 집필케 해준 원력이 되었다. 혼마 야스코의 원작 『덕혜희』는 나의 생애에 가장 지대한 영향력을 끼친 책이라 아니할 수 없다.

안윤자 | 『월간문학』 수필 등단(1991년). 가천대 대학원 국어국문학과졸업(현대문학전공). 한국문인협회 복지위원. PEN클럽, 한국가톨릭문인회 회원. 한의도협이사, 편집위원장, 사사편찬위원장, 월간사보 편집장 역임. 전 서울의료원 의학도서실장. 저서 : 산문집 『벨라뎃다의 노래』. 공저 『연인 사중주』 『우리 기도할까요』. 논문 『윤동주 시 연구』. 집필 『서울의료원 30년사』 『경동제약 30년사』. E-mail : nagune5@hanmail.net

칼보다 강하고 때로는 무서운 펜

김사연

내 생애 첫 번째로 발간한 수필집은 『그거 주세요』다.

1997년 11월 10일, 문학관에서 인쇄한 이 책엔 1991년 11월 등단작품 「동전 세 닢」을 비롯해 63편을 실었는데 그중 39편이 건강 관련 수필이었다. 이형식 사장님은 그동안 쓴 작품을 읽은 후 '팔리는 책'을 만들자며 건강 수필집을 제안했다. 건강 수필은 남동구약사회 회장으로 지방 신문과 구청 소식지 등에 게재해 온 건강 칼럼이었다.

칼럼의 독자 중엔 약종상이 매약만 파는 '약방'과 약사가 조제를 할 수 있는 '약국'의 차이를 처음 알게 되었다는 분도 있었다. 식중독은 설사병만 있는 줄 알았는데 각종 두드러기도 포함된다는 사실을 배웠다며 실생활에 도움이 되었다고 전화를 준 분들도 있어 나 역시 건강 수필집 발간을 마음에 품던 중이었다. 이런 과정을 통해 출판비와 고료 등 제반 비용을 출판사에서 책임지겠다는 약속을 받고 탄생한 책이 '알고나 먹읍시다. 김사연 약사의 싱싱건강법. 약국 엿보기'『그거 주세요』이다.

당시, 약사회 임원 한 분이 여수시로 이전을 해 간부들이 집들이를 하러 간 적이 있었다. 문득 책을 선물하고 싶어 혹시나 하며 이사한 동네의 책방을 들렸더니『그거 주세요』가 가판대에 누워 반갑게 나를 맞아주었다.

그 후 5권의 수필집을 출간했는데 약사회장으로 마약 퇴치 관련 내용과 약사의 권익을 옹호하는 칼럼을 지방지와 각종 언론에 기고하다 보니 시사성 칼럼이 주류가 되었다. 인쇄한 1,200권의 책은 인천시약사회 회원과 각 기관에 배송했다. 인천시궁도협회장 재직 시엔 궁도 관련도 칼럼도 썼다.

문집을 발간해 발송하는 상대는 대부분이 문학 동호인이지만 그나마도 고생해 만든 책을 읽어주는 이들은 많지 않다. 해서 다양한 독자층을 의식해 언론 기고에 관심을 두었다. 하지만 구독자가 많으면 각계각층의 이해관계도 복잡하기 마련이다. 모 지방지 편집국장은 필화 사건으로 10억 원 손해 배상 소송에 말려들면 5억 원은 필자가, 5억 원은 신문사에서 부담해야 한다며 민감한 이권 분쟁 사안의 칼럼에 대해선 수정을 거듭 요구했다.

'펜이 칼보다 무섭다!'는 교훈을 안겨준 필화 사건도 있었다. 몇 년 전, 유네스코가 인천을 책의 수도로 지정한 것을 기념하기 위해 5명의 편집자문위원은 인천시의 예산을 지원받아 책을 발간했다. 내용은 고려·조선시대 한시(漢詩) 편/ 근대·현대 작고인 편/ 현대시인 편으로 구성돼 있다. 그중 한 지방지가 인천지역 114명의 작품이 실린 현대시인 편 작품 중 'ㅎ작가'의 작품이 친일파 시(詩)라는 기사를 연일 게재했다.

ㅎ작가가 초등학교 삼 학년이던 일정(日政) 때, 담임 선생님은 청(靑)송(松)파(波)씨(氏)로 창씨개명을 했다. ㅎ작가와 아버지는 이름이 예쁘다 감탄하며 담임선생님을 시인처럼 존경했고 ㅎ작가는 시를 꿈꾸는 소녀가 되었다는 동심 회상의 시이다.

순수했던 철부지 어린 시절의 추억을 서술한 이 작품을 친일 시로 매도한 언론도 문제지만 단 한 푼의 원고료는커녕, 소녀상을 두고 한일 외교가 민감한 시기에 ㅎ작가의 허락조차 받지 않고 무단으로 게재한 편집자문위원들의 책임도 크다. 이 사단으로 인천지역의 원로시인으로 존경을 받아오던 고령의 ㅎ작가는 아닌 밤중 홍두깨를 맞듯 친일파라는 오명을 뒤집어썼고 인천시는 전량 회수해 폐기하라는 명령을 내렸다.

'펜은 칼보다 강하다!'는 말도 있다. 이것은 영국의 작가 에드워드 불워 리턴이 1839년에 발표한 역사극 『리슐리외 또는 모략』에서 유래되었다. 실제로 칼보다 강한 소설이 있었다.

약사라는 직업 때문인지 1906년에 발간된 '업톤 싱클레어'의 『정글』 (채광석 번역)이란 소설에 관심을 두었다. BBC 선정 세계 100대 명작에 들어가기도 했던 이 소설로 인해 미국의 FDA(Food and Drug Administration 식품의약국)가 창설되었기 때문이다.

1938년에 처음 창설된 이 기관은 미국 보건후생성(DHHS)의 산하 기관으로 독립된 행정기구로 미국 내에서 생산되는 식품, 의약품, 화장품과 수입품, 그리고 일부 수출품의 효능과 안전성을 주로 관리하고 있다. FDA의 관리 감독은 매우 엄하고 까다로워 지금도 세계 여러 나라에서 제품을 수입하거나 제조할 때 기준 잣대로 사용되고 있다.

인류의 건강 파수꾼 역할을 해 온 FDA의 탄생은 사전에 의도된 대통령의 보건 정책 공약이 아니었다. 당시 미국의 대통령은 제26대 시어도스 루즈벨트였다. 그는 소설 『정글』에 대한 서평이 각 신문에 실리고 식품 위생에 대한 부정적인 여론이 만연하자 책을 구입해 읽었다.

작가의 도살장 근무 경험을 토대로 미국의 부패한 정육 산업 현장과 이민 노동자들의 어려운 현실을 고발한 현장 소설을 읽은 대통령이 경악을 금치 못하고 격노하자 상원 의원과 하원 의원을 비롯한 많은 정치인도 이 책을 구입해 읽었다.

대통령과 국민들의 분노에 공감한 정치인들은 그해 6월에 '식품 위생과 약품에 대한 법'을 국회에서 통과시켰다. 1927년, 캘빈 클리지 대통령은 '식품 의약품 및 살충제 국(局)'이라는 특별법 집행 기관을 구성했다. 이어 1938년, 프랭클린 루즈벨트 대통령은 식품, 의약품 및 화장품에 대한 법률을 제정하며 FDA란 독립된 행정 기구를 창설했다. 역시 펜은 칼보다 강했다.

김시연 | 『월간문학』신인상 등단(1991년). 한국문인협회, 대표에세이문학회 회원. 저서 : 수필집『그거 주세요』등 6권. 수상 : 2014년 인천시문화상 수상. 전 인천시약사회장. 전 인천시궁도협회장. 현(사)한국문인협회 인천지회장. E-mail : sayoun50@hanmail.net

『탁월한 사유의 시선』 앞에서

좁里 윤영남

　지금도 나를 찾아가는 길이다. 멈출 수 없는 이 길 위에서 낯선 나를 만날 때 당황스럽다. 이런 내가 있을 수 있는지에 대하여 자문하기도 했고, 자학의 시간과 자기정화(自己淨化)의 기회도 가졌다. 때론 알 수 없는 허무감에 휩싸여 괴로워하기도 했다. 모두가 가면놀이를 하는 것 같기도 했고, 많은 사람들이 한 바탕의 웃음만으로 잔칫집에서 떠들썩한 시간이 지나가는 듯….
　그냥 의미 없는 만남처럼 여겨지는 인과관계(因果關係)를 모를 때도 허다했다. 아니, 자신과의 불협화음은 더 힘들었다. 참으로, 내 속에서 정좌하는 진정한 자아와 자신을 이끄는 자아를 분리시킨 채 혼자서 방황하고 갈등을 엮은 것이다. 참된 사람이 있고서야 참된 지식이 있지 않겠는가. 인격은 그릇이요, 지식은 담을 수 있는 물질이리라. 참된 사람은 인격적인 준비가 되어 있는 사람이며, 참된 지식은 세상의 진실을 밝히는 이론적이고 지적인 통찰, 새로운 시대 의식을 가슴에 품고서 활동할 수 있어야 하는데, 나는 많이도 미숙했음을 깨달았다. 그릇을 우선 준비하지 못했으니, 무엇을 어떻게 알찬 지식을 담아낼 수 있을까.

직접적으로 내가 만지거나 볼 수도 없는 한 덩어리뿐인 덕망과 지식, 아는 것과 행하는 것이 일치될 수 있는 자족감이 얼마나 큰 행복이던가. 스스로 믿는 믿음으로부터의 충만한 은총이리라. 자발적이고 책임감 있는 존재가 되기 위해서는 진정한 자아를 선도하고 이끄는 자아와 함께 친밀하면서 연합하는 힘으로 행동력이 뒷받침되어야지, 비로소 스스로 자신감이 충천할 것이다.

그런데, 두 개의 자아를 따로 두고서 난 언제나 심리적 불안과 보이지 않는 불균형의 인간으로 못마땅했으니, 늘 나와 친할 수 없었다. 얼마나 어리석음이요, 알지 못했던 무지의 소치인가. 그대로 안일하게 머물고 싶은 난 어디론가 더 나은 곳이나 좋은 발상의 전환을 따르기보다는 훼방을 했던 것이다. 서로 의지하고 끌어주면 얼마나 좋았을까. 아름다운 거리만큼 발전적일 텐데….

철학은 시대가 낳고, 그 시대를 통찰하는 철학은 현실적으로 감지할 수 있는 세계와 맞닿아 있음을 배웠다. 신의 은총만을 의지하고 찬양하던 시대에서도 탈레스는 만물의 근원이 물이라고 고독한 외침을 했듯이, 저마다의 새로운 독립적 사고를 구축해야 하겠다. 물은 물로써 분석이 가능했으므로. '탁월한 시선은 논변에 빠지지 않는다. 논변에 빠진 사람은 탁월하지 않다'고 도덕경에서도 배웠으니까.

지식은 근본적으로 무한하게 분화하는 성격을 가졌다. 보는 각도나 추구하는 방향에 따라서 자기가 아는 것, 이기적인 느낌의 주관, 자신만의 제한된 개념을 가지고 얼마든지 자신을 꾸미거나 가공적인 인물로 상대방을 괴롭힐 수도 있다. 그래서 사회적 갈등의 양상을 보면, 어떤 사건을 해석하는 관점도 천태만상이다. 찬성하는 이유도 수만 가지로 만들 수 있고, 반대하는 이유도 각양각색이다. 수만 가지의 양측 논변이 모두 논리적으로 치밀하다. 엄밀히 보면 어느 쪽이든지 조금씩 타당성을 갖고 있다. 하지만, 자신의 삶에서 그 판단을 얇은 지식의 두께나 깊이로 매순간 다를 수 있는 상황에서 대립하지 않고 어떻게 견딜 수 있겠는가.

요즘 이곳저곳에서 시위하는 슬로건을 보면 찬성과 반대의 이념적 갈등도 칼날 같다. 집단적 이기심도 알 수 있다. 하나의 사건 앞에서도 모두가 해석하는 방향이나 방법은 여러 가지였다. 자기들의 역사관에 따라서 누구를 정죄할 수도 있고, 종교관에 따라 엉뚱한 정치인을 매장시키는 경우도 있었다. 사사로운 실수까지도 종교적 현미경을 들여대듯 여론 몰이를 하고, 당연한 사실조차도 법망을 피해 우기면서 목소리가 클수록 이길 확률이 높다. 이처럼 대부분의 논변은 각자 자신의 관점을 정당화 하는 데 사용될 뿐이다. 그렇기 때문에 지성적인 사람은 논변에 빠지지 않는다. 논변을 넘어서거나 논변을 압도하는 빛을 보여주려고 노력하니까.

지금의 우리사회는 코로나19가 일상을 가두고 정지시키는 듯하다. 앞으로 어떻게 될 것인가, 코로나 이후와 이전의 경제와 사회 전반적인 변화를 예측하기 힘들다. 이런저런 불안과 공포감은 사회적으로 '코로나 블루'라는 신종 증후군도 만들어 냈다. 누굴 만나도 표정들이 어둡게 보일 때가 있다. 남들과 타협하고 이해와 관용으로 너그럽게 지내기보다는 혼자만의 자신을 감당하기도 어려우니까. 이럴 때, 우리가 이런 철학적 사유의 책을 통해시 자기 관찰이나 자기 의도를 찾아서 주도권을 스스로 찾아보는 일이 더 시급하고 중요하지 않을까. 그래서 이 책을 처음부터 대략 훑어보듯 읽었다. 차츰 읽을수록 나와 만나는 시간이 즐거웠다. 다시 흥미로운 부분을 밑줄 치기 하면서 읽었다. 세심하게 더 생각했고, 나의 시선이 어디에서 멈추며 무엇에 흥미진진하게 머물러 즐기는지를 알고 싶었다. 내가 바로 흥미와 재미, 관심을 갖는 것에 집중하면서 세밀하게 또 읽었다. 새로운 각도에서 나를 찾아보면서 다시 읽기 시작했으므로.

살다보면, 어디에서도 배우지 않았던 낯선 상황에서 혼자 부딪칠 때가 많다. 얼마나 뜨겁게 이성과 교제를 했고, 어떤 상황의 부모가 되어서 자녀와 갈등을 빚는 경우도 심각하다. 결혼 전부터 부모 교육을 받는 사람도 드물겠지만, 설령 철저히 이론적으로 배웠다고 해도, 전통적인 가문의 위계질서와 세대 갈등의 사회 변화에서 오는 선례는 헤아릴 수 없다. 누구도 겪어보지 못한 미지의 길은 더욱 알 수는 없으리라. 선례와 형평성을 찾기엔 모두가 처음 겪는 일이다. 이런 현실성을 외면한 채 주도권 없는 질문만 계속하고, 누구를 원망하거나 남의 탓으로 자신을 짓누르면서 스스로 질책만 해서는 안 되겠다. 결국, 내 속으로부터의 화해가 필요하지 않겠는가.

내가 이럴 때 무엇을 할 수 있으며, 무엇을 원하는가를 찾고 싶다. 때론 이 상황에서 무엇이라도 힘든 것은 하기를 싫어하는 자아와, 꼭 해야만 한다는 의지적으로 밀어붙이는 나를 이끌어 주는 또 다른 자아는 자주 충돌했었다. 그 연유를 몰랐다. 스스로 괴롭고 못난 자신을 탓하기만 일삼았으니, 나를 얼마나 괴롭히며 닦달을 했던가. 불편했다. 이제 와 생각하니 참으로 미안한 생각이 들었다. "자아를 성숙시킨다." 또는 "자아를 독립시킨다."는 말은 사건을 마주칠 때마다 당황하지 않는 것이며, 기회를 얻는 것이다. 객관적으로 자신을 바라보고, 달래며 타협이 필요한 것을 알아야 했다. 지식의 이론을 통해서 새롭게 대처하는 것은 용기 있고 대담하게 발휘하는 내 속으로부터 솟구치는 정말 위대한 힘이니까.

우리가 꿈꾸는 시대를 위한 철학의 힘으로 특별한 시선, 탁월한 사유의 시간을 갖고 싶었다. 이 책은 21세기북스에서 발간, 최진석 교수가 썼다. 자아의 내면적 갈등으로 치유하는 방법도 얻을 수 있으니, 선뜻 누구에게도 권하고 싶은 책이다. 누구라도 정돈된 사고(思考)의 방법으로 생각하지 않고는 이 복잡다단한 삶을 어찌 마음의 평안을 누리면서 자주 웃을 수 있을까. 나 역시도 이 책을 한 번 읽고 그냥 둘 수가 없었다. 지금도 책상의 우측 책꽂이에 꽂아 두었지만.

모든 철학이나 예술가가 새로운 혁명가이고 창의적인 행동력으로 나아간다는 것이다. 우리네 삶의 매 순간도 문명의 깃발이 되는 이유가 바로 여기에 있다. 이러므로 한 개인의 성숙은 매우 높은 수준의 사회적 역할을 감당하게 되는 것이다. 혼자만의 게으름과 안일함으로 마무리되지 않는 공동체가 존재하기에, 나를 찾아가는 길은 더욱 멈출 수도 없다. 기왕이면 이끌어주는 나를 따르고 싶으니까.

윤영남 | 『월간문학』 수필 등단(1992년). 『좋은문학』으로 시 등단. 숭실대학교 교육학 박사(평생교육 전공). 시인. 수필가. 사)한국문인협회 낭송문화부위원장. 사)국제PEN클럽 한국본부 이사. 한서협회 이사. 강동문협, 사임당문학회, 대표에세이 고문. 수상 : 선사문학상 본상 수상. 저서 : 작품집 『또 하나의 시작을 위하여』 『관계』 『머물고 싶은 순간』 외. E-mail : 2000yny@hanmail.net

칼 세이건 Carl Sagan의 『코스모스 cosmos』『에필로그』

박미경

가을이 오면 여전히 가슴이 '덜컥' 한다는 70을 앞둔 여류 시인이 생각난다. 가을의 기척에 예민해지는 건 시인만의 감성은 아닐 것이다. 〈autum leaves〉를 부른 이브 몽땅의 감미로운 음성이 들려오고, 영화 '뉴욕의 가을'에서 황금빛으로 물든 센트럴 파크에서의 리차드 기어의 은발과 미소도 떠오른다.

그러나 이 가을 나는 한 아름다운 과학자를 그리워한다. 혈육이나 지인이 이 세상을 떠나 저 먼 하늘의 별이 되었다고 생각할 때, 그래서 무한 광대의 시간 속에서 존재의 근원과 멸함을 생각할 때 칼 세이건(1934~1996)이 인류에게 남긴 우주와 인간에 대한 이해, 그리고 사랑에 대해 다시금 가슴이 뜨거워 진다.

64억 킬로미터 밖에서 촬영한 지구의 사진은 창백한 푸른 점(點)이었다. 그야말로 티끌이었다. 이 사진을 찍게 한 칼 세이건이 말했다.

우리가 사는 이곳은 암흑 속 외로운 얼룩일 뿐이다. 이 광활한 어둠 속의 다른 어딘 가에 우리를 구해줄 무언가가 과연 있을까. 사진을 보고도 그런 생각이 들까? 우리의 작은 세계를 찍은 이 사진보다, 우리의 오만함을 쉽게 보여주는 것이 존재할까? 이 창백한 푸른 점보다, 우리가 아는 유일한 고향을 소중하게 다루고, 서로를 따뜻하게 대해야 한다는 책임을 적나라하게 보여주는 것이 있을까?

– 칼 세이건의 『창백한 푸른 점』 중에서

칼 세이건은 1980년 과학 다큐멘터리 〈코스모스〉에서 광대한 우주와 창백한 점 지구, 그 안에 깃든 60억 인류의 역사를 문학적 감수성으로 풀어냈다. '지구 과학자가 우주에 바치는 최고의 대서사'라는 찬사를 받으며, 전 세계 7억 5천만 명이 〈코스모스〉를 시청했다. 같은 해 동명의 제목으로 출간된 『코스모스(cosmos)』는 장대한 한 편의 서사시였다.

인간이라면 누구나 자신 존재의 근원을 궁금해할 것이라고 세이건은 믿었다. 생명의 기원, 지구의 기원, 우주의 기원, 외계 생명과 문명의 탐색, 인간과 우주의 관계가 『코스모스』의 주제이자 내용이다. 인간 정체성의 근본 문제를 광활한 우주에 질문하면서, 칼 세이건은 고백했다.

우리도 코스모스의 일부이다. 이것은 결코 시적 수사가 아니다. 인간과 우주는 가장 근본적인 의미에서 연결돼 있다. 인류는 코스모스에서 태어났으며 인류의 장차 운명도 코스모스와 깊게 관련돼 있다. 인류 진화의 역사에 있었던 대사건들뿐 아니라 아주 사소하고 하찮은 일들까지도 따지고 보면 하나같이 우리를 둘러싼 우주의 기원에 그 뿌리가 닿아 있다.
– 칼 세이건의 『코스모스』 중에서

세이건은 우주에 대한 성찰을 통해서, 즉 과학을 통해서 '허무함'을 극복하고 가치를 만들어낼 수 있다는 것을 보여주었다. 가상의 종교나 초월적인 존재를 상정하지 않더라도 우리는 충분히 자신의 가치를 인정하고 탐구할 수 있는 존재임을 알려주고 싶었던 것일게다.

세이건은 『코스모스』에서 인간이 별의 잔해로 이뤄졌다고 설명했다. 별이 일생을 마치고 폭발하는 순간 우주 공간으로 흩어진 잔해(starstuff)는 탄소 등 90가지. 그 '먼지'들이 모여 행성을 이루고 인간이 된다. 그리고 인간은 죽어 다시 별이 된다. 세이건의 『코스모스』 이후 사람들은 깨달았다. 인간이 머나먼 별의 심장에서 태어난 존재임을.

그랬다. 나 역시 인간과 사회, 동식물과 작은 돌덩이까지 우주의 질서 속에 함께 조화를 이루며 존재한다는 사실을 깨달았다. 지금까지 구분 짓고 나누고 대립했던 모든 것들이 무의미하게 느껴졌다. 너와 나, 계급과 인종, 남자와 여자의 경계가 무너졌다. 우주가 하나의 총체, 하나의 생명으로 느껴지며 내게로 다가왔다. 이 두툼한 책 『코스모스』의 표지를 덮는 순간 머릿속 가득한 잡념들이 제거되고 새로운 공간과 시각이 열리던 순간을 잊을 수 없다. 마치 가을 벼 이삭을 밀어내듯 벌판이 생겨 훤해지고 맑아지고 영혼이 가벼워졌다. 머릿속의 잡념은 시공간에 대한 오해와 무지, 불안과 의심, 착각 혹은 자기중심주의, 편견 따위들이다.

그 신비와 경탄스러운 세계에 대한 이해로 얻게 되는 것은 겸손과 가열찬 직시다. 한 번뿐인 인생에 대한 성찰과 삶에 대한 용기, 담대함 같은 것도 얻게 된다.

우주의 경이로움을 통한 인간의 성찰은 우리들 자신의 현실 문제로 환원시킨다. 그래서 그는 핵전쟁에 반대하고 소수자를 위한 인권 운동에 적극적으로 참여했다. 지구 온난화에 대해 염려하고 경고했으며 끊임없이 해결책을 위해 연구했다. 칼 세이건의 눈은 먼 우주를 향하고 있었지만 동시에 그 눈은 우리들 자신에게시 떈 적이 없었다.

그러나 과학자로서 칼의 위대함보다 한 인간으로서 겪은 그의 사랑과 투병, 그리고 죽음을 마주한 그의 태도가 내게는 더 위대해 보인다.
그는 아내 앤 드루얀(Ann Druyan, 70)에게 『코스모스』의 첫 페이지를 바쳤다.

> 공간의 광막함과 시간의 영겁에서 행성 하나와 찰나의 순간을 애니(드루얀의 애칭)와 공유할 수 있었음은 나의 기쁨이다.
> — 칼 세이건의 『코스모스』 중에서

세이건과 드루얀은 영화 〈시애틀의 잠 못 이루는 밤〉의 감독 노라 에프론의 저녁 파티에서 1974년 만났다. 당시 세이건은 기혼이었고,

드루얀에겐 약혼자가 있었다. 네 사람은 가까워졌고 함께 일하기 시작했다. 1977년 6월 1일 세이건은 키스 한 번 하지 않았던 드루얀에게 전화를 걸어 "결혼하자."고 했고 드루얀은 "좋아요." 라고 답했다. 드루얀은 그 순간을 새로운 자연법칙을 발견하는 것이 어떤 일인지 알 것 같은 심정이었다고 고백했다. 마치 '유레카'의 순간처럼. 그리고 그 진실은 이후 20년 동안 수많은 증거들을 통해 검증되었다.

> 인도 무굴 제국의 황제가 죽은 아내를 그리며 지은 것이 타지마할이죠.
> 이 『코스모스』는 칼 세이건을 위한 저의 타지마할입니다.
> — 다큐멘터리 〈코스모스〉 중에서

2014년, 앤 드루얀이 34년 만에 제작된 다큐 〈코스모스〉 2부를 방영하며 칼 세이건에게 바친 말이다. 드루얀은 『코스모스』를 비롯해 『혜성』『악령이 출몰하는 세상』『잊혀진 조상의 그림자』 등을 세이건과 함께 썼다. 『콘택트』(1997) 각본을 쓰고 제작을 맡으며 세이건과 함께 과학의 대중화에 앞장섰다.

1994년 골수 이형성증이라는 병명을 진단받은 이후로 세이건은 여섯 번 죽음과 대면했다. 골수 이식이라는 고통과 싸우면서도 종교 근본주의자들의 진위를 판단할 수 있는 과학의 힘을 보여주기 위해 『악령이 출몰하는 세상 : 과학, 암흑의 시대를 비추는 촛불』을 썼다.

그는 삶의 마지막 1주일을 맞으면서도 1997년 12월에 열릴 '우주개

발의 미래에 관한 백악관 회의' 기조연설에 자신의 생각을 전달하려 했다.

> 당시 칼은 자신이 곧 죽게 된다는 사실을 잘 알고 있었다. 칼은 별을 향한 긴 여정에서 우리가 방향을 잃기라도 하면 어쩌나 하고 걱정했다. 침대에 누워서 죽어가는 와중에도 그는 자신이 하려던 기조연설의 내용을 있는 힘을 다해 구술해 갔다. 이 광경을 바라보던 나는 심장을 쥐어짜는 고통을 감내해야 했다.
>
> – 앤 드루얀의 『코스모스』 서문 중에서

전 세계 수천만 독자들에게 우주에 대한 꿈과 희망을 심어준 위대한 천문학자 칼세이건은 1996년 12월 20일 골수성 백혈병으로 세상을 떠났다.

죽음을 앞에 두고 칼 세이건은 태양계에 존재하는 여러 천체들의 탐사, 태양계 너머에 존재할 수도 있는 생명의 탐사 등 과학적 문제들의 결과를 직접 보고 싶은 갈망을 표현했다. 그러나 무엇보다도 그는 진정으로 사랑하는 아내 애니와 인생의 황혼기를 맞으며 어린 자녀들이 성장하는 것을 보고 싶어 했다. 우주를 탐험한 과학자 칼 세이건에게도 가장 소중한 것은 가족애였다.

고통스러운 투병 기간에도 한 명의 독자와 팬이라도 더 만나기 위해 장거리 비행을 마다하지 않았고 마지막 순간에서조차 우주와 이 세계의 아름다움, 위기에 처한 우리의 안식처, 공존과 평화의 길로 가기 위한 선택 등에 대해 혼신의 힘으로 소중한 말을 남겼다.

그가 지상에 남긴 마지막 메시지『에필로그』에서 내가 눈물로 읽어내린 글은 다음과 같다.

> 이 세계는 더할 수 없이 아름다우며, 크고 깊은 사랑과 선으로 가득한 곳이기 때문에, 증거도 없이 예쁘게 포장된 사후 세계의 이야기로 자신을 속일 필요가 없다. 그보다는 약자 편에서 죽음의 눈을 똑바로 쳐다 보고, 생이 제공하는 짧지만 강렬한 기회에 매일 감사하는 편이 낫다고 생각한다.
>
> — 칼 세이건의『에필로그』중에서

우리 인생은 겨우 100년도 허락되지 않지만 훌륭한 한 권의 책을 통해 우주를 대 항해 할 수 있고 수천 년을 경험 할 수 있다. 이 점에서 우리는 진실했던 칼 세이건에게 빚을 지고 있는지 모른다.

박미경 |『월간문학』수필 등단(1993년). 한국문인협회, 한국수필가협회, 국제펜클럽한국본부 회원. 수상 : 동포문학상, 동리문학상 수상. 저서 : 수필집『내 마음에 라라가 있다』『박미경이 만난 우리시대 작가 17』『50헌장』『독학자의 서재』외 다수. 현) 내일신문『미즈내일』편집위원, 한국신문윤리위원. E-mail : rose4555@hanmail.net

다락방의 창랑정기

류경희

　글을 깨우칠 무렵의 나는 형편없이 낯을 가리는 어리바리한 아이였다. 겁이 많아 무릎 높이에 맨 고무줄도 못 넘는데다 눈도 잘 맞추지 않는 마땅찮은 친구를 이웃의 동무들은 놀이에 넣어주지 않았다. 그래서 또래 집단과 어울리지 못한 내가 선택한 놀잇감이 활자였다. 만화책이나 동화책도 그리 흔하지 않던 시절이었지만 닥치는 대로 모든 글을 읽는 것이 숫기 없는 아이의 일상이었다. 출타했던 아버지가 어린 새끼들 주전부리감을 담아왔던 신문지 봉투를 조심스럽게 펴서 한자 한자 읽어 내렸던 유년의 기억이 어제처럼 생생하다.
　한 날 벽장을 열고 다락에 간신히 올라가 오만 잡동사니 물건 중에 섞여 있던 고등학교 국어 교과서를 발견했다. 글자가 촘촘히 박힌 교과서를 마치 전리품처럼 들고 내려 온 나는 첫 페이지부터 무조건 읽기 시작했다.

그 책 속에 유진오의 『창랑정기』가 들어 있었다. 무슨 뜻인지도 모르고 읽었지만 『창랑정기』는 어린마음에 다른 책 속의 이야기와는 다르게 다가왔다. 화자인 주인공이 내 나이와 비슷했던 점이 반갑게 마음을 잡았을 수도 있겠다.

사실 『창랑정기』는 어린이가 읽을 만한 소설은 아니다. 1938년 『동아일보』에 연재했던 소설로 '창랑정'은 쇄국을 고집하던 서강 대신이 그 뜻이 좌절되자 벼슬을 내놓고 우울한 여생을 보냈던 정자라고 했다. '창랑정'에서 느낀 회상을 적은 글이라 해서 '창랑정기'라 이름 붙인 것 같다. 창랑정에서 경험한 일화들은 마치 낡은 환등기의 사진처럼 소설 속을 스쳐간다.

주인공이 일곱 살부터 성년이 된 서른 살 후반까지 세 번 찾은 창랑정은 세월을 겪으며 무상하게 변화한다. 처음 창랑정을 방문했을 때 설렘으로 다가왔던 신선한 활기가 시간이 지나며 점점 처참하게 퇴락해 버린 것이다.

아버지와 주인공이 처음 방문했던 삼종 증조부 서강 대신의 집 '창랑정'은 솟을대문이 우뚝 선 위용 당당한 별장이었다. 이른 봄 며칠 동안에 머물렀던 창랑정의 기억은 주인공에게 특별한 향수로 남게 된다.

창랑정에 미리 와 일손을 돕던 어머니와 노랑 저고리에 남치마를 입고 음식을 장만하는 일가 젊은 여인들의 활기찬 모습, 서강 대신의 아들인 '종근'형 새색시가 시집올 때 데리고 온 교전비 을순과의 애틋한 만남 등이 모두 빛 고운 수채화처럼 그려져 있다.

그 후 주인공은 '창랑정'을 두 번 더 찾는다. 10년 후에 찾아간 '창랑정'은 잡초만이 우거진 폐가로 변해 있었다. 을순이와 뛰놀며 나물을 뜯고 보검을 파냈던 뒷동산도 나무 한 그루 없는 폐허가 되어 있었다.

창랑정은 서강 대신이 사라지자 빠르게 몰락했다. 한문책만 읽던 증손자 김종근은 할아버지가 돌아가신 뒤 머리를 깎고 양복 차림으로 기생집을 출입한다. 신문화의 맛을 보고 유흥에 발을 담근 '종근'은 '창랑정'까지 팔아 버린다.

주인공이 이십여 년 뒤 다시 찾은 창랑정은 꿈에 그리던 추억이 모두 사라지고 없었다. 아름다웠던 하늘은 공장 굴뚝 연기로 어둡고 마당에는 석탄재가 쌓여 있는데 강 건너 저쪽으로 요란한 프로펠러 소리와 함께 최신식 여객기가 하늘로 날아오르고 있었다.

세월의 풍파에 시달리다 주저앉은 자연 환경과 변모한 인간의 모습을 쓸쓸하게 조명한 소설은 사회나 역사에 대한 메시지보다 쓸쓸한 변모와 쇠락의 소회가 깔려 있다. 주인공은 깨지고 몰락한 추억의 장소에서 허무와 두려움을 느낀다.

소설 『창랑정기』의 주제인 창랑정의 아름다운 추억과 소멸의 슬픔을 완전히 이해한 것은 창랑정기를 읽었던 유년기로부터 한참이 지나 중학생이 되고나서였다. 그러나 어린 나는 뜻을 제대로 모르는 단편

소설의 첫머리를 수없이 읽고 또 읽어 통째로 외워 버렸다.

'해만 저물면 바닷물처럼 짭조름히 향수가 저려든다'고 시인 C군은 노래하였지만 사실 고향을 그리는 마음이란 짭짤하고도 달콤하며 아름답고도 안타까우며 기쁘고도 서러우며 제 몸 속에 있는 것이로되 정체를 잡을 수 없고 그러면서도 혹 우리가 무엇에 낙심하거나 실패하거나 해서 몸과 마음이 고달픈 때면은 그야말로 바닷물 같이 오장육부 속으로 저려 들어와 지나간 기억을 분홍의 한 빛깔로 물칠해 버리고 소년 시절을 보내던 시골 집 소나무 우거진 동산이며 한 글방에서 공부하고 겨울이면 같이 닭서리 해다 먹던 수남이, 복동.

이들이 그리워서 앉도 서도 못하도록 우리의 몸을 달게 만드는 이상한 힘을 가진 감정이다.

- 유진오의 『창랑정기』 중에서

대청에 누워 '해만 저물면 바닷물처럼 짭조름히 향수가 저려든다'를 주절주절 외우는 어린 동생을 국어책의 원래 주인인 띠 동갑 오빠는 이상하게 흘겨봤다. "뭐가 되려고 저럴까, 무서워 죽겠네."

뭐가 되긴 오빠야, 그냥 글을 좋아하는 사람으로 살고 있다네. 짭조름히 저려드는 향수를 어린 입에 올려 준 『창랑정기』의 추억이 '단짠 단짠'하다.

류경희 │ 『월간문학』 수필 등단(1995년). 국제PEN클럽, 한국문인협회, 청주문인협회, 대표에세이문학회 회원. 수상 : 연암문학상 본상, 청주시 문학상 수상. 저서 : 수필집 『그대 안의 블루』 『세상에서 가장 슬픈 향기』 『소리 없이 우는 나무』 『즐거운 어록』 등. E-mail : queenkyunghee@hanmail.net

세상이 바뀌는 시간
-박완서의 『나목(裸木)』에서, 유작(遺作) 「빨갱이 바이러스」까지-

조현세

'내가 딸로 태어났더라면 박완서 소설가의 아류쯤은 될 터인데…'
 지난 이야기를 쓰다가 막힐 때 하는 혼잣말이다. 박완서 작품의 원천은 어릴 때 어머니와의 대화였다. 그녀는 어머니에 대한 일화가 너무 많아 소설로 여러 번 우려먹었다고 했다.
 아직도 내 책장에는 어머니에게서 물려받은 50년 된 『裸木』이 꽂혀있다. 이 책은 『여성동아』 잡지 부록으로 나왔는데, 엽서보다 조금 큰 판형의 세로글씨로 되어 있고 색이 바래서 요즘에는 읽기 불편하다. 겉표지는 떨어져 나가고 없다.
 박완서의 수필집 『꼴찌에게 보내는 갈채』는 내가 마라톤에서 실제로 꼴찌를 했을 때 부끄러움을 느끼지 않게 해준 책이다. 어머니는 박완서의 소설들보다 『속삭임』 『자전거 도둑』 『못 가본 길이 더 아름답다』『보시니 참 좋았다』와 같은 산문집과 성인 동화집을 더 좋아했다.
 우리 어머니 역시 생전에 겪은 일을 다 쓰자면 소설 몇 권은 될 성싶다. 어머니는 일제강점기 소학교 일본 교사들의 악행을 겪었고, 태평양 전쟁 막바지에 처녀 공출을 피해 의대생과 결혼했다. 그리고 1.4후퇴 때 용산 한강변에서 남편을 잃었다. 세 살짜리 아들은 그 증거로 살아남아 어머니의 희망이 되었다.
 "니 애비는 폭격으로 죽었지만 너 하나는 살아남았으니 조상님께 늘 감사해야 한다."
 "제발 폭격당한 이야기는 이제 그만 좀 해욧!"
 어머니가 가슴에 쌓인 한을 꺼낼 때마다 사춘기의 나는 타박을 주기 일쑤였다. 그녀처럼 내가 만일 딸이었다면 엄마 가슴팍에 안겨 조곤조곤 그 많은 사연을 다 듣고 소설책 수십 권은 썼을까. 불행하게도 나는 무심한 아들이었고, 그래서 겨우 수필집 한 권만 건졌을 뿐이다.
 어머니와 나는 박완서가 쓴 수많은 책을 공유해 온 책 동무였지만 책을 읽고 난 후 생각을 공유한 적은 별로 없다. 어머니는 어머니대로, 나는 나대로 그녀의 소설과 산문 속에서 각자 잃어버린 것을 찾으러 다녔는지도 모른다.
 유작「빨갱이 바이러스」는 가장 최근에 읽었다. 빨갱이 바이러스는 우리 집안에도 퍼져 있었다. 한국 전쟁 중에 제주도에서 탈출한 털보 외삼촌은 뒷산 대밭으로 숨어 다녔다. 연좌제가 있었던 80년대 공직

자들이 포함된 부부 동반 해외 시찰 때에 신원 조회에 걸려 애를 무척 먹었다. 어머니는 며느리에게 미안한 마음을 한숨으로 표현했다.

지질학자인 당고모부가 일본으로 밀항해서 북한 방송에 나왔다는 소문이 돌 때 어머니는 이모들과 일본어로 이야기를 나누었다. 어릴 때였지만, 나는 귀머거리가 되어야 했다. 빨갱이 바이러스에 감염된 우리 집안은 큰소리를 내지 못하고 살아왔다. 그의 작품에도 주인공이 어릴 때 아버지가 빨갱이 삼촌을 삽으로 때려 죽였다. 묻었을 것으로 보는 마당이 파헤쳐 혹여 들킬까 봐 멋진 별장으로 재건축도 못하고 살아가는 내용이다.

연좌제가 폐지되자 어머니는 녹음기를 틀어놓듯 이야기를 풀어냈다. "우리 집안엔 빨갱이도 있고 반동분자도 있어. 일제 때 만주로 간 사람과 일본으로 공부하러 간 사람은 사상이 서로 좀 달랐지. 조씨 집안이나 우리 친정집이나 모두 그래…. 친정에서도 겪었는데 시집와 보니 똑 같은 꼴이었어. 똑똑한 삼촌들이 좌익이다, 우익 입네 하다가 그냥 그렇게 억울하게 죽어갔고 도망갔지…."

혼란의 역사는 어머니 말 속에 그대로 들어 있었다. 그것을 남길 필력이 없었는지 흔적을 지우고 싶었던 것인지 어머니는 한동안 그러다가 붓글씨에 매달렸다. 오랜 세월 동안 어머니가 내게 들려준 이야기는 그렇게 많지 않다. 박완서처럼 어머니의 가슴 저 밑바닥 속에 숨겨진 기막힌 이야기를 내가 더 끄집어냈어야 했다.

『그 많던 싱아는 누가 다 먹었을까』에서 박 작가는 지금껏 써온 소설과 다르다는 것을 애써 강조했다. 픽션으로 써온 소설과는 다른 내면의 이야기를 하고 싶었던 것일까. 그녀는 자신을 바로 보는 것은 용기를 요하는 일이고 피붙이에 대한 애틋함이 고통스럽다고 했다. 세상은 바뀌었고 그녀도 우리 어머니도 마음에서 과거의 기억을 떼어내고 싶었을 것이다. 그녀는 소설이 아닌 소설을 쓰면서 어머니로부터 받은 기억의 공간을 다음 세대로 전해 주었다. 박 작가가 한해에 남편을 보내고 아들마저 보낸 참척(慘慽)의 일기『한 말씀만 하소서』를 읽어 가시며 "이 이는 나보다 더 박복하구나." 혀만 차셨다.

박 작가가 타계하고 2년 후 어머니도 돌아가셨을 때 어머니 유품 박스를 정리하다가 일본어와 한글을 섞어 쓴 '나의 자서전'이라고 적힌 공책을 발견했다. 보물을 찾는 심정으로 읽어 내려가 보았지만 평생 어머니의 마음에 들어앉아 있던 사연은 적혀 있지 않았다. 대신 소학교 때 맛보았던 소소한 행복만 보여주고 있을 뿐이었다. 혹여 자식들에게 누가 되는 증거라도 될까 염려했는지 빨갱이와 반동이 겹친 집안 이야기는 한마디도 없다.

피란살이를 거쳐 지방에서 청년기를 보내고 나는 혼자 서울로 돌아왔다. 떠돌이처럼 대학 등록금을 마련하기 위해 입주 과외를 하고 야간에는 술집 경리로 뛰면서 청춘을 사회에 내던졌다. 어머니는 폭격에 징글맞은 서울 생활을 거부하다 며느리 맞이로 늦게 합류하여 손주 뵈주는 노년을 보내셨다.

　박완서의 작품무대 격인 홍제동 산꼭대기와 서대문 형무소가 보이는 현저동에도 살았다. 그 뒤에는 도시 재건축 빈민 문제의 조사 활동과 그곳에서 마중물 잇기, 문풍지 달기 봉사를 하기도 했다. 수채화처럼 그려놓은 작품의 무대를 나는 하숙생에서 직업인으로 여러 번 밟았다. 이 정도면 그녀와 보통 인연은 아닐 듯싶다.

　박완서 작가는 나이가 들면 고무줄 바지를 입는 것처럼 헐렁하게 살 수 있어 좋다고 했다. 볼꼴 못 볼꼴 다 본 그녀의 삶은 물처럼 흘러서 내게로 와서 나목(裸木)을 키웠다. 하지만 그것은 비슷하면서도 아주 달랐다.

조현세 | 도시계획 기술자. 저서 : 수필집 『마라톤과 어머니』. E-mail : cityboy982@hanmail.net

살아 있는 것은 다 행복하라

정태헌

　　　　법정(法頂) 스님의 책을 열독했던 것은 기연일는지도 모른다. 대학 2학년 때, 도심의 하숙집에서 거처를 옮겨 찾아간 곳은 무등산 기슭에 있는 조그만 절(寺)이었다. 70년대 중반, 당시 그곳엔 하숙생들이 여럿이었는데 대부분 사법고시 준비생들이었다. 그 틈에 끼어들어 살게 된 것은 하숙비가 싸다는 것도 있었지만, 절집에 대한 묘한 끌림 때문이었다. 대처승인 늙수한 주지 스님은 새벽마다 예불을 거르지 않았고 하숙생들에게는 자비로웠다. 그곳에서 일 년 남짓 자드락길을 타고 걸어 학교에 다니곤 했다. 잠시 출가승을 동경하기도 했지만 인연이 닿지 않아 하산하고 말았다. 그 후에도 절 출입이 잦았고 불교 서적을 탐독하였으며 법정 스님이 쓴 책의 애독자가 되었다.

　『살아 있는 것은 다 행복하라』는 2006년, 법정 스님의 출가 50년을 기념하여 세속 제자인 류시화 시인이 엮어 출간한 잠언집이다. 단순하고 청빈한 생활의 실천가이자 자유인의 표상인 법정 스님이 남긴 글과 법문 중에서 가려 뽑았다. 읽다보면 살아 있는 모든 것들의 행복을 기원하는 축시와도 같다. 130여 토막글로 이루어졌는데, 순간순간 새롭게 태어남으로써 어떻게 하면 단순하되 정신적으로 충만한 삶을 살 것인가에 대한 가르침이 행간마다 가득 담겨 있다. 당시 하루에 두어 편씩 읽으며 그날그날 삶의 화두로 삼곤 하였다.

최근 이 책을 다시 읽게 된 것은 작년 가을 불일암을 찾고 난 후이다. 손수 만든 낡은 나무의자, 분골이 묻힌 후박나무, 섬돌에 놓인 흰 고무신, 소박한 신발, 바람에 수런대는 산죽이 새로운 울림으로 다가왔기 때문이다. 절실하게 가슴으로 느낀 텅 빈 충만감이었다고 할까. 책 속에는 처음 읽었을 때 느끼지 못했던 또 다른 맑은 가치들이 들어있었다. 무소유, 자유, 단순과 간소, 홀로 있음, 침묵, 진리에 이르는 길과 존재에 대한 성찰로 가득하였다. 법정 스님의 글 속엔 명상과 깊은 깨달음이 무한히 담겨 있다. 이는 지식이 아니라 지혜의 산물이다.

지금이 무료할 때는 "과거는 없고 미래도 없으며 항상 현재뿐이다." 덧없이 물욕이 일 때는 "행복의 비결은 필요한 것을 얼마나 갖고 있는가가 아니라 불필요한 것에서 얼마나 자유로워져 있는가에 있다." 말이 많아질 때는 "침묵으로 말을 여물게 하여 말은 침묵에서 나와야 하며 침묵을 배경으로 하지 않은 말은 소음과 다를 게 없다." 삶이 어정쩡할 때는 "살 때는 삶에 철저해 그 전부를 살아야 하고 죽을 때는 죽음에 철저해 전부가 죽어야 한다." 정신이 혼탁할 때는 "사람의 몸에 음식이 필요하듯 우리 영혼에는 기도가 필요하며 기도는 인간에게 주어진 마지막 자산이다." 나이 먹고 있음을 느낄 때는 "늙음이 두려운 것이 아니라 삶이 녹스는 것을 두려워하라." 외로울 때는 "사람은 누구나 외롭다. 외로움을 느끼지 못한다면 행복한 사람이 아니라 무딘 사람이며 가끔은 시장기 같은 외로움을 느껴야 한다" 마음 자리가 오락가락할 때는 "인간 마음의 바탕은 선도 악도 아니며 단지 인연에 따라 일어날 뿐이다." 관성에 젖어 있을 때는 "늘 떠나야 한다. 묵은 것을 버리지 않고서는 새것을 받아들일 수가 없다." 죽음이 두려울 때는 "죽음을 두려워하는 것은 생에 집착하고 삶을 소유물로 여기기 때문이다." 무력하게 아침을 맞을 때는 "피었다 지는 꽃처럼 우리도 움이 트고 싹을 틔워 꽃을 피우다가 낙화하는 이치는 마찬가지다." 낯선 땅을 여행할 때는 "여행은 단순한 취미가 아니라 생의 의미를 새롭게 발견하는 계기이고 자기 정리의 엄숙한 도정이며 이 세상을 하직하는 연습이기도 하다." 삶에 회의가 들 때는 "가치 있는 삶이란 욕망을 채우는 삶이 아니라 의미를 채우는 삶이다." 지식에 목마를 때는 "지식은 기억으로부터 오고 지혜는 명상으로부터 온다." 자의식의 과잉을 느낄 때는 "될 수 있는 한 적게 먹고 적게 보고 적게 듣고 적게 만나고 적게 말하는 습관을 들여야 한다." 등등 수많은 잠언은 일상을 살아가는데 나아갈 방향을 올곧게 제시해 준다.

엮은이 류시화는 말한다. "이 잠언집은 여느 책처럼 그 자리에서 한

번에 다 읽고 덮어버리기에 어울리는 책이 아니다. 오히려 끝까지 읽지 않아도 옆에 오래 놓아두어야 할 책이다." 서재엔 많은 책으로 둘러싸여 있지만 법정 스님의 책만큼은 그 숫자에 포함하고 싶지 않다. 그의 책들은 한 권의 책으로서가 아니라 늘 하나의 도반으로 곁에 있다. '법정'이라는 이름은 그 자체로 산이고, 오두막이고, 청정함이며, 어디에도 걸림 없는 자유이기 때문이다. 또한 법정 스님에 대한 글을 지면에 올린 적이 있다. 스님 입적 후, 다비식 장면을 TV 화면을 통해 바라보며 느꼈던 소회를 적은 글이다.

…(중략)… 큰스님이 산사에서 입적한 후, 제자들에 의해 법구가 다비장으로 운구 되는 광경이 티브이에 방영되었다. 스님의 법구는 제자들이 추슬러 맨 어깨 위에 편안히 누워 있었다. 어찌 된 영문인지 스님의 발바닥은 천 밖으로 조금 삐져나와 있었다. 스님은 발바닥으로 산천초목을 휘둘러보며 사부대중들과 이별하고, 사부대중들은 색색의 만장과 함께 법구의 발바닥을 바라보며 따르고 있는 것처럼 보였다. 시절 인연이 다하여 이승을 떠나게 되면 비로소 다리는 머리와 나란히 같은 대접을 받는 것일까. 보이지 않는 얼굴 대신 발바닥이 스님의 얼굴이 된 셈이었다. 죽고 나면 얼굴보다 발과 발바닥으로 그의 삶이 기억된다는 말이 맞는 것일까.

정태헌 | 『월간문학』 수필 등단(1998년). 한국문인협회, 대표에세이문학회 회원. 수상 : 현대수필문학상, 광주문학상, 대표에세이문학상 등. 저서 : 수필집 『동행』 『목마른 계절』 『경계에 서서』 『바람의 길』 『여울물 소리』 등. E-mail : lovy-123@hanmail.net

담배 한 개비에 묻어나는 인생 담론
– 이문구 소설가의 『관촌수필』과 나의 문학시초 –

김선화

　청운의 뜻을 품고 일찍이 도회지에 뛰어들었으나, 정신 바짝 차리지 않으면 친한 사람사이에도 코 베임 당한다는 냉철한 처세술부터 익혀야 했던 나는 매사 허둥대기 일쑤였다. 충청도 산촌에서 자란 사람의 도시 속 문화생활이란 기껏해야 현실 도피 행각으로 무협지나 문학 서적을 뒤적이는 것이 커다란 위안이었는데, 그 무렵 우연히 접한 『관촌수필』은 내게 마력으로 작용했다. 신촌 로터리의 단골 서점에서 마주한 그의 문장은 가히 자석이었다. 사방이 막힌 거나 다름없던 내 의식에 정신적 출구 역할을 했다. 작가의 문장이 이렇게 별 수식 없이 진솔하게 표현된다면 나도 포기하지 말고 도전해볼 수 있겠다는 맘을 먹기에 이르렀던 것이다. 허나 문장을 그렇듯 아무것도 아닌 듯이 순탄하게 그려내는 일이 얼마나 어려운가를 나도 알아가는 사람이 되었다. 하여 그를 이렇게 조문했나보다.

오늘은 참 가슴 아픈 날입니다. 토속적 언어를 맛깔스럽게 부려 쓰는 이문구 선생의 장례식이 있었지요. 그 옛날 문학의 길에서 암담해하던 한 여성이, 신촌에 있는 서점에서 『관촌수필』을 사들고 희망에 부풀어 밤잠을 설친 적이 있답니다. 우리 문학인들의 가슴에 많은 아쉬움을 남기고 떠나간 故 이문구 선생, 그 영전에 고개 숙입니다.

조회 수 20회라 표기된 글이다. 내 은밀한 창고격의 작은 홈페이지 게시판에 기록된 내용이다. 2003년 2월 28일 7시 11분. 막 홈페이지를 개설하고 대외적인 문인들 소식을 올리고 있던 중, 그의 부음 소식에 조용히 옷깃을 여미고 있었다. 하지만 아쉽게도 그분 생전에 가까이서 뵌 일은 없다.

이문구 선생은 1941년 충남 보령군 대천읍에서 출생하여 1963년 서라벌예대 문예창작과를 졸업하고, 1966년 단편 「백결」이 『현대문학』에 추천 완료되어 등단했다. 1967년 단편 「지혈」, 「부동행」 등을 발표하며 왕성한 작품 활동과 후학을 위한 강단에도 서서 입심 좋게 강론을 폈던 분이다.

작가가 떠나고 몇 년이 흘러서야 그의 흔적을 찾아 나섰다. 작품의 무대를 밟아보며 솔바람 소리 들리는 언덕에 섰다. 어릴 때 뛰놀던 언덕에 유골을 뿌려달라는 유언대로 그는 고향 뒷산 솔밭에 잠들어 있었다. 담배 개비 물고 과거를 회고하며 변화해가는 현실을 고발하던 그는 소리 없이 방문자를 맞이하고 있었다. 소설 속에 나타나는 그가 살던 집터에도 다른 모양의 이층집이 자리하고….

논픽션이라 했다. 이 연작 소설 편, 편의 앞머리에는 대부분 담배 한 개비가 등장한다. 서울에서 대학을 마치고 생활을 꾸려가는 그가 고향을 찾아 과거 회상에 잠기는 대목에서는 그 길쭉한 것이 입에 물린다. 하여 그와 담배 향연이 한데 어우러진다.

'아버지가 남로당하다 잡혀 죽었고, 두 형들도 빨갱이 자식이라고 대천 앞바다에 산 채로 수장이 되었다'는 대목에서 20대 초반의 나는 전율했다. 그 밖의 여러 이야기가 있었겠지만, 세월 속에서 뇌리를 자극하는 언어는 오직 가슴을 찢어대는 듯한 그 강한 표현뿐이었다.
그럼에도 불구하고 나는 그 문장으로 인해 묘한 힘을 얻었다 감히 작가로의 꿈을 버리지 않기로 마음먹었다. 담배를 꼬나문 표정에서 한 남자의 깊은 우수를 읽었는데, 그것이 한 여성의 앞날에 글을 쓰지 않고 살 수 없게 영향을 미친 것이다.

돌아와 『관촌수필』을 다시 구매해 정독했다. 헌데 그때 무지몽매한 여성의 마음을 휘어잡은 대목을 만나기 어려웠다. 잘못 읽었나 싶어 거듭 반복 읽기를 수차례. 역시 예전의 그 설움 덩어리의 글자들은 눈에 띄지 않았다. 내 뇌리에 가득했던 울컥 토해진 과격한 표현구가 세월 속에 걸러진 것일까. "3대에 걸친 네 분의 신명을 하루아침에 잃은

폐허 속에서 겨우 살아남아 외롭게 된 나로서는, 그네들 한 가족이 소꿉장난하듯 움직이는 꼴이 여간 부럽지 않았다."고 응축된 문체로 표현하고 있다. 앞서 내가 잘못 찾아 읽은 것이면, 글을 그리 대한 이 눈이 문제다.

그가 다루고 있는 세계는, 근대화의 물결에 후광을 얻는 도시적 삶이 아니라 근대화의 음지에 해당되는 도시 변두리나 농촌의 변화된 현실이다. 작가의 고향인 충남 대천을 중심 무대로 어린 시절 추억을 그린 연작 소설이 총 여덟 편으로 묶여있으며, 주제를 따져보면 근대화로 인해 붕괴되어가는 농촌 현실을 통한 따뜻한 인간애의 추구이다.

우리는 그의 소설을 통해 한 시대를 읽는다. 그의 소설 『관촌수필』은 단순히 토속적인 세계의 전통적 아름다움을 이야기하는 것이 아니라, 근대화 과정 속에서 겪는 변화의 실상과 양상을 다루고 있다. 만약 그가 평범한 가정의 자제였다면 어떤 성격의 작품이 세상에 남았을까.

어느 사이 내가 적어 넣었던 「이문구 선생 추모의 글」이란 제목이 낯설다. 벌써 그를 추모한 일조차 옛일이 되어간다. 그런 중에 소설로 남겨진 걸쭉한 그의 입담은 인간적 고뇌를 물씬 풍긴다. 솔바람 소리 들리는 언덕에 서면 그가 허허 웃으며, 점퍼 주머니에서 또 담배 한 개비 꺼내어 지그시 물 것 같다. 그 향연에 삶의 희로애락이 녹아 은은한 울림으로 퍼져나갈 것 같다. 애달픈 인생길, 굽이굽이의 삶이란 그렇게 은유와 상징으로 찬찬히 녹여 내는 것 아니던가.

나도 담배를 태울 줄 안다면 가슴 답답할 때 한 개비씩 입에 물고, 폼 나게 불 한 번씩 댕겨보고 싶다. 좋은 문체를 쓰는 작가는 세월이 가도 한없이 그립다. 특히 내 문학의 시초가 되게끔 묵언의 힘을 실어 준 선생의 향기 앞에서는 어쭙잖은 말이 무의미하다.

김선화 | 『월간문학』 신인상에 수필(1999)과 청소년소설 (2006) 당선. 첫 시집 『눈뜨고 꿈을 꾸다』 (2005)를 내며 시단에 나옴. 저서는 수필집 『우회迂廻의 미美』 등 다수. 시집 『빗장』 외 다수. 청소년소설 『솔수펑이 사람들』(장편), 『바람의 집』(중·단편). 창작동화집 『호두도둑 내 친구』. 수상으로는 제27회 한국수필문학상(2008), 제4회 대표에세이문학상(2006), 제3회 대한문학상 詩 본상(2006), 제26회 전국성호문학상(2015) 등. 대전광역시 유성구 세동에 「내 고향 상시동」 시비詩碑(2010)가 인근 지역민들에 의해 건립되었음. E-mail : morakjung@hanmail.net

행복한 청소부처럼

박경희

　나는 늦깎이 소설가로 등단했다. 마흔이 훌쩍 넘은 나이에 긴 글을 지으려니 조급했다. 과욕으로 몸과 마음 모두 아팠다. 고통의 터널에서 발견한 것은 계단이다. 아무리 마음이 급해도 몇 개의 계단은 한 번에 오를 수 없다. 천천히 그러나 성실히 끝까지 계단을 오르면 정상에 닿으리란 희망이 날 변화시켰다.

　계단을 오를 수 있는 힘은 책이었다. 책이 쏟아내는 수액으로 빛나는 글을 낳고 싶었다. 책은 내게 스승이요, 멘토이며 날카로운 채찍이자 위로자였기에.

　내 글밭 최고의 책은 『행복한 청소부』다. 영원한 삶의 주제인 행복이란 무엇인가?에 대한 모니카 페트의 글에 안토니 보라틴스키의 탁월한 그림이 깃든 『행복한 청소부』는 전 세계인이 사랑하는 그림책이다.

짧은 그림 책 속에 담긴 메시지는 강하다.

거리의 표지판을 닦던 청소부 아저씨는, 우연히 한 아이와 엄마의 대화를 듣게 된다. 운명이었다. 매일 닦던 표지판이 유명한 작가와 음악가였다는 것을 몰랐던 자신이 부끄러웠다. 행복한 청소부는 그 날부터 표지판에 적힌 음악가와 작가의 작품을 찾아가는 여행에 푹 빠진다. 책도 찾아 읽고, 음악회에 참여하면서 점점 '앎'의 즐거움을 느낀다. 청소부는 베토벤의 〈달빛 소나타〉를 흥얼대며 표지판을 닦고, 괴테의 글을 강의하듯 읊조렸다. 시간이 지남에 따라 '청소하며 들려주는 강의'에 매료되어 사람들이 몰려들기 시작한다. 나중에는 방송국에서 인터뷰 요청이 오고, 급기야 대학 강의 요청까지 받게 된다.

그러나 청소부 아저씨는 모든 걸 거절한다.

"강연을 하는 건 내 자신의 즐거움을 위해서입니다."라는 말과 함께.

청소부 아저씨는 자신의 무지를 부끄러워 할 줄 알았다. 깨달음을 즉각 행동으로 옮겼다. 진정 멋지다. 치열하게 '앎'의 항아리를 채워나가는 청소부의 모습은 감동 그 자체다. 퇴근 후, 도서관을 찾고 음악회를 찾는 등의 열정이 그를 빛나게 했다.

방송 글을 쓰느라 바쁜 중에도 행복한 아저씨의 여정을 따르고 싶었다. 많은 책을 찾아 나선 길 위에서 누린 행복은 컸다. 책은 인생 학교이자 나의 지경을 넓혀주는 든든한 배경이었다. 지식이 쌓이면서 '지혜'는 보너스로 따라왔다. 그보다 더 큰 선물은 높은 '자존감'이다.

자신감이 생기면서, 매사에 당당했다.

부귀나 영화보다는 '진정 내가 하고 싶은 일을 하며 행복해 하는 것'을 택한 청소부 아저씨. 그를 영원한 멘토로 삼은 것은 탁월한 선택이었다. 행복한 청소부를 닮으려 애썼더니, 내 이름패가 달린 소설의 집이 꽤 된다. 기적 같은 일이다.

우리는 흔히 나이 들면 눈도 침침하고 힘들어 책과는 담을 쌓고 산다. 나이 들면 심심하고 무료한 시간을 어쩌지 못해 방황하는 사람들이 많다. 무료하다 보니 우울증에 빠져 힘들어하는 이들도 많다.

나 또한 점점 책 읽기 힘든 나이가 되었다. 하지만 평생 동행자를 떠나보낼 생각은 없다. 책을 읽다 보면 화살처럼 시간이 잘 간다. 시간이 지남에 따라, 지식의 창고에 보물이 쌓여가고 있다는 걸 느낀다. 책은 중독이 강하다. 한 권의 책을 읽기 시작하면 금방 열 권을 읽게 된다. 고구마 줄기처럼 읽어야 할 목록이 생기기 때문이다.

"나는 독서하는 방법을 배우기 위해서 80년이라는 세월을 바쳤는데도 아직까지 그것을 다 배웠다고 말할 수 없다."

굳이 괴테의 말이 아니어도 책은 영원한 멘토이자 친구다.

지금 내 앞에는 오르고 싶은 계단이 많다. 죽는 그 날까지 징검다리 책을 디딤돌 삼아 오를 것이다. 즐겁게 콧노래 부르며. 오르다 보면, 나 또한 『행복한 청소부』의 작가 모니카 페트처럼 명작을 쓰게 되지 않을까?

미래에 대한 기대는 나이를 잊게 한다. 최고의 불로초다.

박경희 | 『월간문학』 수필 등단(2000년), 『월간문학』 단편소설 등단(2004년), 소설, 르포, 동화, 에세이 등 경계선을 넘나드는 글을 쓰고 있다. 2006년 한국프로듀서 연합회 제공 '한국방송작가상' 라디오 부문 수상. 저서 : 장편소설 『류명성 통일빵집』 『난민소녀 리도희』 『리무산의 서울입성기』 『버진 신드롬』 『리수려, 평양에서 온 패션 디자이너』 『고래 날다』 『분홍벽돌집』 등. 수필집 『손주는 아무나 보나』 『여자나이 오십, 봄은 끝나지 않았다』 『여자 나이 마흔으로 산다는 것은』 등 다수. E-mail : park3296@hanmail.net

애벌레의 꿈

김윤희

'그저 먹고 자라는 것이 삶의 전부는 아닐 거야'

호랑 애벌레는 오랫동안 그늘과 먹이를 제공해 준 정든 나무에서 기어 내려온다. 세상은 온갖 새로운 것들로 가득 차 있다. 어느 날 꿈틀거리며 서로 밀고 올라가는 애벌레 기둥을 만난다. 꼭대기, 그곳에 무엇이 있는지도 모르면서 치열하게 오르려는 애벌레들….

'그래, 내가 찾으려는 것이 어쩌면 저곳에 있을지도 몰라.'

그는 애벌레 기둥에 합류를 한다. 사방에서 떠밀리고 채이고 밟히며 깨달은 것은 오로지 남을 딛고서라도 올라서야 한다는 것이다. 꼭대기를 향해 오르고 또 오르는 것, 그것만이 최대 목표였다.

취업을 위해 나는 서울로 올라갔다. 꿈틀꿈틀 무언가를 향해 분주히 움직이는 무리들, 거대한 애벌레의 기둥이다. 그 무리에 끼어들기 위해 학원에 드나들며 1년을 공부했다. 드디어 맨 밑바닥에 한 발을 올리며 대열에 합류되었다. 서울지방경찰청 정보과 기록실, 비집고 들어선 나의 일터다. 아침 출근 시간부터 달음박질이다. 지하철이나 시내버스가 수시로 있음에도 거의 종종걸음을 친다. 이에 뒤질세라 덩달아 나도 뛰었다. 때때로 숨이 턱에 차기도 했지만 한참 헐떡이다 맞는 한 줄기 바람은 상쾌했다. 매력적인 도회의 맛이다.

다행히 나는 주어진 일이 적성에 맞았는지 직장 일이 좋았고, 퇴근 후 배울 거리를 찾아다니는 것도 좋았다. 문학 강좌를 들으러 다니거나 카페에서 차 한 잔 시켜 놓고 시낭송 듣는 재미로 종종 동숭동을 찾기도 했다. 당시 직장 선배 언니는 신춘 문예를 꿈꿨다. 문학을 이해 못하는 남자와는 결혼을 하지 않겠다던 그녀는 직장을 그만두고 보따리를 싸서 절로 들어갔다. '문학이 뭐길래' 글을 쓰기 위해 직장을 버리나 쉽게 수긍이 가질 않았다.

애벌레 기둥을 오르던 호랑 애벌레는 자신이 밟고 올라선 노랑 애벌레의 슬픈 눈빛을 본다. 순간 둘은 꼭대기에 오르는 것이 간절한 소망이 아니라는 것을 알게 된다. 그리고 애벌레 기둥에서 빠져 나와 함께 풀밭으로 기어 나온다. 그들만의 행복을 찾은 것이다. 그러나 그것도 잠시, 또 다시 꿈을 좇아 떠나는 호랑 애벌레….

내 나이 서른이 가까워지면서 큰일이 난 듯 부모님의 조바심은 결국 나를 끌어내려 짝을 채워 주셨다. 고향으로 내려왔지만 오랜 시간

떠나 있던 터라 낯설고 무료했다. 바쁘게 내달리던 삶이 갑자기 멎었다. 퇴보하는 듯한 마음에 불안했다. 두 아들을 낳아 키우느라 눈코 뜰 새 없는 생활이 약이 되었는지 주부로서의 삶에 적응이 되면서 평온을 찾았다. 주위가 보인다. 사회 활동을 서서히 시작했다. 옛 직장 동료들과도 만남을 유지하면서 문득문득 그때의 향수에 젖곤 했다. 절로 들어갔던 선배는 스님과 결혼하여 산사의 사람이 되었다.

신춘 문예에 연연하던 그녀는 자신을 내려놓았는데, 정작 독자의 자리에서 서성이던 나는 어쭙잖게 등단이라는 팻말을 움켜쥐고 전전긍긍이다. 수필가 대열에 슬그머니 편승하고도 딴 일에 열중했다. 돌아보니 가지가지 별 일을 다 했다. 여성 단체 일에서부터 초등학교 방과 후 교사, 자원봉사센터장, 군의회 의원까지. 무엇에 이끌리듯 끌려들어가 허우적댔다.

군의원 직을 내려놓고 난 후 우연히 주어진 일이 수필 교실이다. 6년째 접어들고 있다. 돌고 돌아 등단한 지 12년 만에 온전히 문학 관련 일을 시작한 셈이다. 애착과 뿌듯함이 느껴진다. 편안하다.

꿈을 찾아 떠난 호랑 애벌레는 자신의 몸에 나비가 들어 있다는 걸 믿고 어렵게 노랑 애벌레와 놀던 곳으로 내려왔다. 그리고 마침내 노랑나비와 함께 호랑나비, 본연의 모습을 찾는다. 나는 무작정 꿈을 좇던 한 마리의 애벌레였다. 언젠가 어둡고 단단한 고치를 찢고 나와, 나비로 날 수 있을까.

『꽃들에게 희망을』노란 책표지에 날아오르는 나비의 날갯짓이 눈부시다.

김윤희 |『월간문학』수필 등단(2003년). 한국문인협회, 한국수필가협회 회원, 충북수필문학회 부회장. 저서 : 수필집『순간이 둥지를 틀다』,『소리의 집』『사라져가는 한국의 서정』. 수상 : 대표에세이문학상, 한국문협작가상, 불교청소년도서저작상, 충북예술인공로상. 진천군립도서관 상주작가, 혁신도시도서관, 조명희문학관 수필 강사. 중부매일「수필 삶」, 충청일보「충청시평」고정필진. E-mail : yhk3802@hanmail.net

『별』에서 『예언자』, 『무소유』로

김현희

아름다운 별빛이래서 그랬을까. 스테파네트란 이름이 퍽이나 마음에 들었을까. 프로방스 지방 목동의 순수한 사랑 이야기로 잘 알려진 알퐁스 도데의 단편 소설 『별』은 학창 시절의 설렘처럼 남아있다. 양치기 목동이 주인집의 스테파네트 아가씨를 연모하다가 자신이 있는 뤼브롱 산에서 하룻밤을 보내게 된 그녀를 순수한 사랑으로 지켜주는 장면을 섬세하게 묘사한 작품이다. 아름다운 별 이야기와 함께…. '저 숱한 별들 중에 가장 가냘프고 가장 빛나는 별님 하나가 그만 길을 잃고 내 어깨에 내려앉아 고이 잠들어 있노라.'는 마지막 문장은 지금도 가슴을 설레게 한다.

아마도 내 인생을 통틀어 가장 책을 많이 접했던 중학시절, 펄벅의 『대지』나 톨스토이의 『부활』 등과 같은 대작들보다 도데의 『별』이 더 기억에 남는 건 아마도 이후에 내게 스테파네트란 별명이 생긴 연유 탓일지도 모른다. 사실 중학시절에 접했던 이 작품을 다시 만난 곳은 뜻밖에 고등학교 국어 교과서였다. 나는 또래보다 학교에 일찍 들어갔기에 사춘기의 미묘한 감정을 중학 시절이 아니라 고등학교 시절에 느꼈던 것 같다.

친한 친구가 무슨 이유에서인지 국어시간 '별' 단원을 공부하고부터 나를 스테파네트로 부르기 시작했다. 특히나 내가 마음에 두고 있었던 L 선생님이 지나가면 더욱 큰소리로…. 단순히 장난으로 그랬는지, 아니면 교과서 뒤에까지 거울을 숨겨두고 이따금 내 얼굴을 비춰 보는 나르시시스트적인 면 때문이었는지 지금도 알 수 없지만 그 별명 이후로 시쳇말로 나의 공주병은 증상을 더해갔음은 물론이다. 대학 시절에도 그런 나를 보고 학창 시절에 많은 영향을 줬던 둘째 오빠가 '포장지에 신경 쓰지 말고 내면을 가꿔라'는 그 당시 이해할 수없는 말을 했을까. 여하튼 그 별명이 생기게 된 알퐁스 도데의 『별』은 지금도 나를 미소 짓게 하고, 내가 가지고 있을지 모르는 소녀감성을 아직도 잃지 않게 한 작품이 아닐까.

대학 시절 나에게 영향을 주었던 책은 단연 칼릴 지브란의 『예언자』라 할 수 있을 것이다. 독서량이 상당한 법대 선배가 늘 옆구리에 끼고 다녀 멋지게 보이던 책, 얇지만 결코 가볍지 않은 책이었다.

사랑에 대하여, 우정에 대하여, 결혼에 대하여, 이성과 열정에 대하여 등 알무스타파라는 예언자가 길을 떠나며 그곳 성에 살던 시민들이 청하던 질문들의 대답을 주제별로 모은 내용들이다. 길지 않은 문장이지만 그 의미는 짧지 않다.

함께 있되 거리를 두라. 그래서 하늘 바람이 그대들 사이에서 춤추게 하라. 서로 사랑하라. 그러나 사랑으로 구속하지는 말라.// 서로의 잔을 채워 주되 한쪽의 잔만을 마시지 말라. 서로의 빵을 주되 한쪽의 빵만을 먹지 말라.// 함께 서 있으라. 그러나 너무 가까이 서 있지는 말라. 사원의 기둥들도 서로 떨어져 있고, 참나무와 삼나무도 서로의 그늘 속에선 자랄 수 없으니.

- 칼릴 지브란 『예언자』 중에서

지금도 사람들에게 많이 회자되는 문장이다. 이제 와서 생각해보면 「결혼에 대하여」를 이처럼 적확한 표현으로 묘사할 수 있을까. 때론 이해하기 힘들었던 그 책은 나에게 경이로운 책이 아닐 수 없었다. 그 시절에는 깊은 깨달음 없이 그냥 멋져 보이기만 했던 구절구절들이 세월의 흐름에 따라 이제야 하나하나 가슴에 와 닿는다. 차라리 가슴이 뜨거운 젊은 날엔 "사랑이 그대를 부르거든 그를 따르라. 비록 그 길이 힘들고 가파를지라도. 사랑의 날개가 그대를 감싸 안거든 그에게 온 몸을 내맡겨라. 비록 그 날개 속에 숨은 칼이 그대를 상처 입힐

지라도"라는 「사랑에 대하여」 구절구절에 더 열광했을지 모른다.

최근 얼마 전부터 나의 생각과 행동에 조금씩 영향을 주고 있는 책은 십여 년 전 접한 법정 스님의 『무소유』이다. 그때는 머리로 공감하고 지금은 피부로 느낀다고나 할까. 감히 그분의 깊은 생각 일부분이라도 닮아가긴 쉽지 않지만 그 심오한 내용에 이해와 공감의 폭이 조금씩 늘어간다는 것은 참으로 기쁜 일이다. 오죽하면 추기경은 이 책이 아무리 무소유를 말해도 이 책만큼은 소유하고 싶다고 했을까.

"우리는 필요에 의해 물건을 갖지만 때로는 그 물건 때문에 마음이 쓰이게 된다. 따라서 무엇인가를 갖는다는 것은 다른 한편 무엇인가에 얽매이는 것. 그러므로 많이 갖고 있다는 것은 그만큼 많이 얽혀 있다는 것이다." 라는 문장은 우리에게 너무나 익숙하다. 어쩌면 나 같은 경우는 물건보다 인간 관계에서 더욱 공감하는지도 모른다. 대체로 얽매이기를 좋아하지 않아 가급적 사람들과의 관계를 많이 맺지 않으려 하고, 그렇기에 친구도 많지 않아 자유로운 편이며, 요즘 활성화되어있는 SNS 계정 만들기에도 게으른 편이라 불필요한 감정소모가 많지 않아 그 또한 즐거운 일이다. 선한 사람들을 좋아하고 나또한 그런 사람이 되려고 노력은 하나, 모든 사람에게 좋은 사람이 되려고 애쓸 필요가 없다는 것 또한 나의 솔직한 생각이기도 하다. 인생도 그분의 말씀처럼 산은 하나이지만 가는 길은 여러 가지가 아닐까.

이처럼 우리는 살아오면서 삶의 요소요소에서 많은 책과 적지 않은 책 속의 문장들에 영향을 받는듯하다. 심지어 어떨 때는 짧은 구절 하나에도 전율을 느끼기도 한다. 그렇기에 나또한 단어 하나, 문장 한 줄 쓰기에도 쉽지 않은 이즈음이다. 그와 동시에 나는 지금 시나브로 『별』에서 『예언자』 그리고 『무소유』로 이어지는 길목 어딘가에 조심스럽게 발을 한걸음씩 디디고 있는 중이다.

김현희 |『월간문학』수필 등단(2004년). 한국문인협회, 한국수필가협회. 대표에세이문학회 회원. 부산대학교 졸업. 박물관대학 수료. 수상 : 대표에세이문학상. 저서 : 수필집『진주목걸이』. E-mail : hyun103@hanmail.net

손때 묻은 책

옥치부

　신종 코로나19 지속으로, 요즘 우리들은 초유의 불안한 일상과 불편을 겪고 있으며, 지난여름 제33회 전북 고창 대표에세이 세미나 행사에 회원으로서 부득이한 사정으로 불참하게 되었다.
　그동안 갖가지 사정으로 차일피일 미뤄오다가, 원고 마감 기일 엄수 연락을 받고 조급한 마음으로 장년(壯年)때 밤새워 읽었던 책을 챙겨 보았다. 동인지 원고 주제인 '내 인생의 책 두 권' 중에서 우선 안병욱 (安秉煜)의 『인생론』을 선정(選定)하고 누렇게 빛바랜 손때 묻은 책을 찾아 꺼내본다.
　평소 마음 속 깊숙이 묻었던 책, 내 삶의 지침서로 신념과 결단의 용기를 안겨 준 소중한 책이 아닌가! 그 시절 뜻도 맛도 난해한 추리소설, 단종애사, 위인전을 읽고 학우(學友)들과 돌려가며 읽어보고, 감명과 울림을 서로 토론했지만…. 내 인생의 지침서로는 철학자(哲學者) 안병욱 교수의 『인생론』을 대표에세이집으로 꼽았다. 행간마다 밑줄을 그어가며 정독(精讀)하고 책을 골랐던 지난 시절이 생각난다. 그 중에서 가장 인상 깊게 마음속에 오랫동안 남아있는 구절은 다음과 같다.

"젊은이여 희망의 등불을 켜라. 뜻을 세우고 살자."

또 한의약의 세계화, 현대화에 대한 한의약서(韓醫藥書)를 공부했다. 특히 그때 일간(日刊) 스포츠 신문에 연재되었던 안병욱 교수의 글은 빠짐없이 애독하고 무심(?)했던 내게 근면과 깨달음(Vision)을 주었으며 참구(參究)하며 소장하게 되었다.

현실을 두고 세상이 급변하고 있다고 한다. 0.008초 동안 800번의 생멸(生滅)을 거듭하고, 10년이면 강산이 변하고, 100년이 지나면 사고(思考)까지 변한다고 한, 석해공(釋解空) 스님의 법문 한 구절을 생각해 본다.

끝으로 무척 좋아하는 지족안분(知足安分)의 한시,「족부족(足不足)」을 적는다.

부족지족매유여(不足之足每有餘)
족이부족상부족(足而不足常不足)

이 시구는 조선 중기의 학자 송구봉 시(宋龜峰 詩)에 나오는 한 구절로 인생의 깊은 달관(達觀)의 경지를 알려준다. "족 할 줄 아는 이는 비천의 처지에 처해도 즐겁고, 족 할 줄 알지 못하는 이는 부귀에 처해서도 역시 근심이다."라고 했다. 그러므로 안분(安分)은 동양 문명으로 지족(知足)의 문명이요, 서양 문명은 부지족(不知足)의 문명이라고 중국의 철학자 호적(胡適)은 역설했다고 한다.

나의 현재는 나의 과거의 산물. 현재는 미래의 어머니요, 현재는 현재의 아들이다. 비전은 높은 뜻이요, 훌륭한 이상(理想) 위대한 목표(目標)로, 큰 사명(使命)으로서 인간의 힘의 원천(源泉)이 되고 인생의 기적을 낳는다고 했다.

이제 노골(老骨)의 몸으로 평소 품고 있던 생각의 일단을 뉘우치며 맺는다.

옥치부 | 『월간문학』수필 등단(2005년). 한국문인협회 재정분과위원. 대표에세이, 월간문학부산동인회, 부산수필문학회, 부산불교문인협회 회원. 중앙약사 심의위원(복지부). 관능검사위원(식약처). 수상 : 부산광역시장 표창, 보건복지부장관 표창, 고운 최치원 문학상 본상, 오륙도문학상 본상, 실상문학상 본상, 부산시문인협회 수필문학상 대상 등. 저서 : 산문집 『내 마음의 요람』. 수필집 :『누님의 텃밭』E-mail : kbd0247@hanmail.net

내 삶의 교과서

김상환(동백)

틈만 나면 책을 읽는다. 책이 귀하던 시절에 자란 탓으로 책을 보면 반갑다. 하지만 평생 바쁘게 살다 보니 책 읽을 시간이 없어 자투리 시간을 활용했다. 처음에는 즐거움을 얻고 지식과 삶의 지혜를 얻기 위한 목적으로 책을 읽었는데 이젠 습관이 되었다.

지금까지 읽은 책 중에서 가장 많이 반복하여 읽은 책은, 손꼽히는 명작이나 전공에 관련된 전문 서적이 아니라 『명심보감』이다. 『명심보감』은 청소년 시절 시골에서 겨울철마다 열리는 서당에서 배웠다. 책 이름이 한자로 밝을 명(明), 마음 심(心), 보배 보(寶), 거울 감(鑑)자로 되어 있듯이, 마음을 밝혀주고 자기 성찰의 내용이 담긴 계몽 성격이 강한 책이다. 고전들이 대부분 그렇듯 『명심보감』도 시대를 뛰어넘는 보편적 가치를 지니고 있어서 좋았다. 그래서 두고두고 반복해서 읽었다.

 서당에 다닐 때 읽었던 책은 너무 낡아서 버렸고, 지금 가지고 있는 책은 1977년 발행된 것이다. 이 책을 샀던 당시 나는 아이디어 상품 개발에 몰두해 있을 때였다. 처음 개발한 무선 전축이 판매 부진으로 빚더미를 안고 실의에 빠져 있던 어느 날이었다. 새로운 아이템을 찾기 위해 '세운 상가'를 헤매다가, 길거리에서 노인이 책을 팔고 있는 것을 보고 옛 생각이 나서 200원에 샀다. 당시 서울 시내버스 요금이 40원이었다.

 앞으로 어떻게 살아갈 것인가에 대한 답은 찾지 못하고 책만 한 권 사 가지고 집으로 돌아왔다. 당장 생계가 걱정되어 밤이 깊도록 잠을 이룰 수가 없었다. 잡념을 떨쳐버리기 위해 『명심보감』 책을 펼쳐놓고 읽었다. 서당에서 처음 배울 때 책 전체를 다 외웠었는데 오랫동안 잊고 살아온 탓으로 모든 내용이 새롭게 느껴졌다. 똑같은 내용이지만 내가 처한 환경과 상황에 따라 그 느낌이 확연히 달랐다. 특히 안분편(安分篇)에 "만족할 줄 아는 사람은 가난하고 천하여도 즐거울 것이요, 만족할 줄 모르는 사람은 부(富)하고 귀(貴)하여도 역시 근심을 한다. (知足者는 貧賤亦樂이요 不知足者는 富貴亦憂니라.)"라는 이 한 구절이 죽비처럼 깨우침을 줬다.

 단 한 번의 실패로, 마치 인생이 끝난 것처럼 실의에 빠져 있었는데, 처음 서울 생활을 시작할 때를 생각해보니 나는 아직도 가진 것이 많았다.

1970년 무작정 상경하여 일자리도 구하지 못하고 월세 천 원짜리 방에서 점심도 굶어가며 살았었다. 그런데 지금은 방이 다섯 개나 되는 주택을 보유하고 있으니 아직도 부자라는 생각이 들었다. 곧바로 그때의 초심으로 돌아가서 방문 판매를 다시 시작했다.

『명심보감』정기편(正己篇)에 "근위무가지보, 신시호신지부(勤爲無價之寶요 愼是護身之符)"라는 대목에서 또 눈길이 멈추었다. "부지런함은 값으로 따질 수 없는 보배요, 진중함은 몸을 보호하는 부적이다."라는 태공의 가르침대로 3년 동안 열심히 노력한 결과 재기에 성공했다.

이처럼 『명심보감』은 전체 내용이 성인들의 말씀과 명언들로 채워졌을 뿐만 아니라 한자를 익히게 되어 일상생활에 큰 도움을 주었다. 서당에서의 수업 방식은 문장을 무조건 외우는 것이었다. 그리고 어려운 한자는 수없이 반복하여 쓰고 암기를 했다. 그렇게 공부한 결과 수많은 명언이 마음을 밝혀주고 한자를 보는 눈까지 뜨게 되었다.

한자는 우리말과 떼려야 뗄 수 없는 관계다. 우리가 쓰는 단어의 약 70퍼센트가 한자에서 왔다고 하니 한자와 한글을 동시에 배울 수밖에 없다. 『명심보감』을 배우면서 한자를 익힌 덕분에 실생활 속에서도 웬만한 낱말은 국어사전을 보지 않고도 한자로 풀어서 그 뜻을 알 수가 있었다.

글을 읽거나 쓸 때 한글 전용으로 인해 동음어(同音語)의 경우, 뜻을 구분하는데 혼란스러울 때가 많다. 특히 한자어는 의미를 알기도 어렵다. 예를 들어 가격(價格)과 가격(加擊), 가설(架設)과 가설(假設)처럼 발음은 같고 뜻은 다른 낱말들이 그렇다. 그렇지만 한자를 알면 굳이 사전을 펼쳐 보지 않더라도 쉽게 구분하고 뜻까지 알 수가 있다.

2010년 3월 백령도 인근 해상에서 북한군의 어뢰(魚雷) 공격으로 우리 해군 제2함대 소속 초계함(천안함)이 침몰한 사건이 있을 때의 일이다. 한글 전용 교육으로 대학까지 졸업한 젊은이들이 초계함(哨戒艦)과 선미(船尾), 함미(艦尾)라는 말의 뜻이 무엇인지 몰랐다. 그런데도 텔레비전 방송에서는 똑같은 말을 뉴스 시간마다 수없이 반복했다. 하지만 한자와 한글을 함께 배운 세대는 처음 들은 낱말도 한자로 풀이하여 곧바로 알 수 있으니 한자 공부는 필수라고 생각한다.

나는 특별한 취미나 특기가 없고 오직 책 읽는 것을 즐겨 왔는데 이제는 독서가 가장 좋은 친구가 되었다. 독서를 통해 다양한 분야의 전문 지식을 쌓은 덕분에 사업을 할 때 큰 도움이 되었고, 생각의 깊이를 더해주어 세상을 제대로 바라보고 해석할 수 있는 지혜의 눈을 가지는데, 깊은 영향을 주었다. 더욱이 나만의 고정 관념에서 탈피하고 다른 사람의 견해를 통해 가치관을 넓힐 수 있게 해주었다.

세상을 살아가면서 좋은 책을 만나는 것은, 좋은 사람을 만나는 것만큼이나 행운이다. 수많은 책 속에서 진정한 깨달음을 얻을 수 있고, 삶의 스승으로 여길 만한 책을 만나기란 쉬운 일이 아니기 때문이다.

만약 누가 나에게 가장 좋아하는 책을 꼽으라고 한다면 주저 없이 『명심보감』이라고 말할 것이다. 『명심보감』은 내 삶의 교과서이고 지침서이기 때문이다.

김상환 | 『월간문학』 수필 등단(2006년). 수상 : 경북일보 문학대전(수필 부문), KT&G 복지 재단 문학상(시 부문), 시니어 문학상(시조 부문), 브레이크 뉴스 문학예술상(시 부문), 타고르문 탄신 기념 문학상(수필 부문), 중구문예 문학상(수필 부문), 샘터사 샘터상(생활수기부문), 시니어 문학상(논픽션부문), 대표에세이문학상(작품집)등. E-mail : ksshh47@hanmail.net

두 남자와 함께 하는 데이트

곽은영

동시에 두 남자랑 함께 하는 데이트! 하지만 두 남자는 질투하지 않습니다. 어쩌면 더 좋아하는 것 같습니다. 벌써 삼십 년도 더 지났는데 말입니다. 두 남자는 바로 '헤르만 헤세'와 '헨리 데이빗 소로우'랍니다.

두 남자를 처음 만난 곳은 작은 도서관이었습니다. 저는 두 남자에게 푹 빠져 버렸습니다. 사춘기 소녀의 마음을 쏙 가져가 버린 헤세와 소로우! 저는 책을 반납할 때마다 얼마나 서운했는지요. 결국 일을 해서 돈을 모았습니다. 그 책을 사던 날, 얼마나 기뻤는지 모릅니다. 평생 함께 할 수 있으니까요. 그날부터 지금까지 전 두 남자를 매일 만납니다. 멀리 가지 않아도 됩니다. 제가 만나고 싶은 날에 언제든지 볼 수 있기 때문입니다. 그 두 남자는 우리 집에 있는 하얀 10칸 책장 속에 있습니다. 아침마다 저는 두 남자에게 반가운 인사를 건넵니다. 두 남자는 다정한 눈빛으로 저를 반겨 줍니다. 그 눈빛은 사춘기 소녀에게 그리고 어엿한 숙녀에게 이제는 중년의 여인에게 늘 향기롭습니다. 마치 잊을 수 없는 향수처럼 항상 저를 유혹합니다. 바로 『삶을 견뎌내기』(이레출판사)와 『월든(walden)』(이레출판사)이라는 이름으로 말입니다.

처음 만난 남자는 바로 헤세였습니다. 데미안, 싯다르타, 수레바퀴 밑에서…. 그의 작품을 읽을 때마다 제 심장이 터질 듯 했던 그 기억을 떠올려 봅니다. 특히 새가 알을 깨고 나오는 장면은 감동이었습니다. 제 청소년기는 우울했습니다. 하지만 그 책을 읽고 꿈꾸었지요. 언젠가 멋지게 날개를 펼치고 힘차게 하늘을 날아오를 것이라고.

저는 헤세가 화려하고 멋진 인생을 살았을 것이라고 상상했습니다. 유명한 작가의 삶은 얼마나 눈부실까요? 그는 부러움의 대상이자 동경의 대상이었습니다. 하지만 『삶을 견뎌내기』란 책을 처음 만났을 때 깜짝 놀랐습니다. 단숨에 책을 다 읽고 나서 참 많이도 울었던 기억이 납니다. 되돌아보니 전 헤세의 삶을 잘 알지 못했습니다. 단순하게 부유하고 행복할 것이라고 생각했습니다. 그의 겉모습만 보고 숨겨진 아픔은 들여다보지 못했습니다. 그때서야 헤세의 다른 작품들도 더 묵직한 울림으로 다가왔습니다. 헤세는 자살 시도를 한 적이 있다고 합니다. 그 역시 암울한 청소년기를 보냈으니까요. 또 세 번의 결혼은 그렇게 굴곡진 삶을 말해주었습니다. 그는 인생의 마지막까지 싸우고, 버티고, 견디면서 글을 썼습니다.

누구나 눈물을 흘린 경험이 있습니다. 저마다 말 못할 고통이 있습니다. 그래서 헤세는 진심어린 위로를 해 주었습니다. 자신의 상처 속에서 하루하루 버티고 또 견뎌내야 한다고. 그것이 인생이라고 말입니다. 그것은 제게 삶의 가르침이 되었습니다. 그리고 결코 빠지지 않는 조각처럼 제 뇌에 박혀 버렸습니다. 이제는 죽는 그 순간까지도 기억해야 할 진리처럼 남습니다. 저는 살다가 숨이 막힐 정도로 힘이 들 때마다 헤세를 떠올려 봅니다. 그리고 묵묵히 버티고 견디고 헤쳐 나가리라 자신에게 말을 합니다.

그러던 어느 날이었습니다. 저는 맑은 호수를 만나게 되었습니다. 바로 『월든』이라는 책에서 말입니다. 그 호숫가에서 통나무집을 짓고 살던 남자가 소로우였습니다. 저는 책에 나온 사진을 보면서 호숫가를 산책하는 모습을 그려 보았습니다. 언젠가 저 곳에 진짜 한 번 가보리라 꿈을 꾸었습니다. 할머니가 되면 그 꿈이 이루어질까요? 평생가 볼 수 없다고 해도 마음속에 남아있는 호수를 기억해 봅니다. 저는 소로우를 만나면서 한 가지 꿈을 키웠습니다. 소로우처럼 살고 싶다는 소망. 인생의 마지막, 노년에는 작은 통나무집을 지어서 소박하게 시골에서 살아야겠다는 꿈입니다. 아침이면 작은 호수를 산책하는 상상을 해 보았습니다. 한 손에 그의 책을 들고 말입니다. 우리는 나란히 동행을 하겠지요.

그는 철학자, 교사, 수필가 등 여러 가지 이름으로 불립니다. 하지만 전 진솔한 한 사람과 자연이 겸손하게 서로를 존중하며 살아가는 모습이 가장 마음에 와 닿았습니다. 그의 사상이 무엇이든 그리 중요하지 않습니다. 그가 추구하는 세상이 무엇이고, 그의 철학이 어떤 것인지 다 알지 못해도 좋습니다. 단지 자연과 사람이 함께 묵묵히 걸어가는 일상이 제게는 감동이니까요. 삶은 바다이기도 하고, 늪이 되기도 합니다. 또 호수가 되기고 하지요. 하지만 제 삶이 어떤 모습인지는 중요하지 않습니다. 모두 껴안고 앞으로 나아갈 각오가 되어 있으니까요. 한 가지 바람이 있다면 인생의 마지막에는 잔잔한 호수처럼 제가 서 있기를 빕니다. 그런 삶이 제게는 한 번도 없었으니까요. 한 번만이라도 여유와 안락과 평화가 제 인생과 함께 하기를 욕심내 봅니다. 그때는 할머니가 되어 텃밭을 갈고, 새 모이를 주고, 열심히 글을 쓰고 싶습니다.

이제는 잘 기억나지 않습니다. 한 줄, 두 줄 밑줄까지 그어가면서 달달 외웠던 문장도 점점 희미할 뿐입니다. 하지만 두 남자는 오늘도 제 가슴 속에 나란히 손을 잡고 웃고 있습니다. 더 진솔하게 와 닿는 느낌이랄까요? 나이가 들면서 그만큼 세월을 함께 한다는 것이 지금은 기쁘고 든든한 기분입니다.

제 인생은 대단하고 화려하지 않습니다. 오히려 저만 상처를 받고 불행하다고 생각했습니다. 그런데 누구나 다 아픔이 있다는 것을 알게 되었습니다. 저마다 삶의 방향도 모두 다릅니다. 잠시 누군가의 인생을 부러워할 수는 있지만 그것은 낭비일 뿐입니다. 어차피 인생을 선택해서 태어난 것도 아니니까요. 이제는 어떤 모습으로 살아갈 것인지 결정하고 노력할 수 있는 것. 그 선택권이 제가 가진 희망입니다. 그리고 주어진 힘입니다. 세상이 말하는 운명이라는 단어가 있습니다. 정해진 운명이 진짜 있는지 모르겠습니다. 또 그 운명과 싸워서 이길 수 있을까 모르겠습니다. 하지만 적어도 힘껏 달려가 볼 수는 있습니다. 삶을 버티고 달려가 보면! 월든 호숫가에 다다를 지도 모릅니다. 그 날이 오면, 오두막을 짓고 싶습니다. 그래서 더 주먹을 꼭 쥐고, 제게 집중합니다.

오늘도 그리고 내일도 전 두 남자와 데이트를 합니다. 우리는 하얀 책장에서 서로 마주보고 웃습니다. 향기로운 차 한 잔도 함께 하면서 말입니다. 우리는 인생도 사랑도 세상살이 이야기도 나눕니다. 어떤 때는 복숭아 빛 두 볼이 되기도 하고, 눈물이 흘러내리기도 합니다. 또 어떤 때는 흥분도 하고 열띤 논쟁도 벌입니다. 햇살이 눈부신 날에도 촉촉이 비가 내리는 날에도 말입니다. 우리 세 사람은 이렇게 평생 함께 걸어갈 것입니다. 제 마음 속에 영원히 빛날 두 남자.

- 오! 두근두근 설레는 두 남자와의 데이트!

곽은영 | 『월간문학』 수필 등단(2007년). 한국문인협회, 대표에세이문학회 회원. 수상 : 동서문학상(2012년, 동화부문). 저서 : 공저 『교과서에 싣고 싶은 수필』 『골목길의 고백』 등. E-mail : kwakkwak0608@hanmail.net

혼자서 걸어 봐

김경순

여행은 혼자서는 가면 안 되는 일인 줄 알았다. 한번이 어렵지 그 다음부터는 쉽다는 말, 그 말은 여행을 두고 하는 말인 듯하다. 혼자서 무엇을 할 수 있을까? 혼자서 무엇을 먹으러 갈 수나 있을까? 다른 사람이 혼자인 나를 뭐라고 생각 할까? 혼자라는 말이 주는 외로움 쓸쓸함에 감히 해보려고도 하지 않은 일들이 그동안 얼마나 많았는지 모른다.

사람이 정말 힘들 때 그 누군가의 말에도 위로가 되지 않을 때가 있다. 요즘 내게도 그런 감정이 가슴속에 웅크리고 앉아 답답하게 옥죄고 있다. 그래서 생각한 것이 혼자만의 여행이었다. 콧노래를 부르며 짐을 꾸리는 내 모습이 남편은 영 못마땅한 표정이다. 하지만 나는 못 본 척 해버렸다. 원 없이 읽으려 얇지 않은 10권정도의 책도 차에 실었다. 3박 4일의 일정이었다. 큰 기대는 하지 않았다. 그런데 오롯이 혼자였던 시간을 책에서 위로 받는 순간을 맛보았다.

"사람들은 머리로는 다 괜찮다고 말하지만 삶을 공정하게 바라보지 못하는 이유는 알지 못한 채, 영혼은 혼란에 빠져 헤맨다. 그리고 항상 얼굴에 미소를 띠고 격려의 말을 건넨다. 누구도 자신의 외로움을 다른 사람에게 설명할 수 없기 때문이다. 사람들에 둘러싸여 있을수록 더욱더. 하지만 분명 존재하는 그 외로움은, 결코 자신을 속일 수 없으면서도 행복한 척 하기 위해 모든 에너지를 써야만 하는 우리의 내면을 갉아먹는다. 그런데도 우리는 한사코 아침마다 피어나는 장미꽃만을 보여주려 하고, 상처 입히고 피 흘리게 하는 가시 돋친 줄기는 안으로 숨긴다."

파울로 코엘로의 『불륜』 속에 나오는 글귀다. 어찌도 내 맘을 그리도 잘 읽고 있는지 책을 손에서 놓을 수가 없다.

사람들에게는 저마다 마음을 푸는 방법이 있다. 친구들과 왁자하게 떠들거나 크게 소리치거나 노래를 부르거나 또는 영화를 보거나 한다. 나는 책을 통해 마음을 진정시키곤 한다. 거기다 자연과 함께라면 더 좋다. 화가 나거나 슬프거나 쓸쓸할 때, 기분이 좋을 때도 책을 꺼내 본다. 여행길에도 빠지지 않는 것이 책이다. 다독보다는 정독을 즐겨 하는 편이다.

또한 나는 바다를 좋아한다. 그것도 서해 바다를 좋아한다. 굳이 그 이유를 말하라하면 노을 때문이라고 답할 것이다. 바다가 태양을 거두어가는 그 순간, 바다는 온통 핏빛으로 물들곤 했다. 매일 같이 반복되는 숙명이라지만 어찌 그리도 무거운 형벌을 내리는 것일까. 그래서일까. 바다를 핏빛으로 물들이며 스러지는 태양을 보고 있노라면 가슴속의 답답함이 사그라지곤 한다. 내 안의 무엇이 바다로 이끄는지 모르지만 이상하게도 나는 마음이 무거울 때면 서해 바다로 내달린다. 물론 이번에도 서해 바다가 있는 안면도로 왔다.

밤새 울어대던 바다는 새벽녘이 되어서야 잠이 들었다. 엊저녁 읽다 잠든 책『지금 호메로스를 읽어야 하는 이유』의 구절 때문일까. 나는 꿈속에서 섧게 울었다. 누군가 해변을 하염없이 걷고 있었다. 어깨를 늘어뜨리고 흐느끼면서. 무엇 때문이었는지 그를 따라 한참을 걸었다. 그리고 같이 울어 주었다. 그 사내가 아킬레우스였을까. 아킬레우스는 진정으로 아끼는 친구 파토르클로스를 전장에서 잃고 그가 생각나는 밤이면 해변을 정처 없이 거닐곤 하였다고 했다. 그토록 그의 가슴을 헤집는 슬픔은 불꽃이 타오르듯 동이 트는 아침까지도 아킬레우스를 그 바다와 해변이 놓아 주질 않았다.

'호메로스'는 일리아스와 오디세우스의 이야기 속에서 등장하는 시인이다.『지금 호메로스를 읽어야 하는 이유』의 저자 애덤 니컬슨은 시인 호메로스의 족적을 찾아 바다로 나섰다. 그곳에서 그는 수천 년 전의 '오디세우스'를 만나고, 너무 잔인하여 무섭게만 느껴졌던 '일리아스'의 인물들을 호메로스로 인해 다시 마주 할 수 있게 된다.

증오와 혐오, 복수심은 과거에서 현재까지 인간이 지니고 있는 본성

일 것이다. 그렇다고 하여 그것이 우리 인간이 지고 가야 할 굴레라고 여겨서는 안 된다. 부조리한 현실에서 올바른 가치를 만들어 가는 것이 우리 미래 세대에게 희망을 줄 수 있기 때문이다. 단순하고 성실한 세상과 타협하지 않는 과거의 인물 아킬레우스, 자유롭고 창조적이며 온갖 책략을 동원해 자신의 운명을 바꾸는 현재와 미래의 상징 오디세우스. 과연 누구의 삶이 올바른 것일까. 그것은 내가 노을빛을 핏빛으로 보는 것이 옳은지, 꽃빛으로 보는 것이 옳은지 모르는 것처럼 어려운 일이다.

예전 우리 사회의 공동체 생활이 아름다웠다고 한다면 구시대적 발상이라고 할까. 시간은 흐르고, 가치관도 바뀌고, 사람의 사는 모습도 달라지게 마련이다. 요즘은 '누구'와 보다는 '혼자'서 하고 싶은, 해도 되는 일들이 많아지고 있다. 그것은 아마도 경쟁 사회에서 누군가와 비교 당하고, 높아져야하고, 많아지기 위해 뛰다가 상처 입은 사람들이 많기 때문이리라. 그래서 사람들은 자신을 볼 수 있고, 천천히 느리게, 방해 받지 않는 시간을 누리고 싶어졌는지 모른다. 어쩌면 혼자 걷는 시간이 지금의 시간과는 정반대로 흐르는 선물이 될 수도 있다. 왜냐하면 그 시간을 경험해 본 사람은 가끔은 혼자라도 꽤 괜찮다는 것을 알 수 있기 때문이다.

김경순 | 『월간문학』 수필 등단(2008년). 한국문인협회, 음성문인협회, 대표에세이문학회 회원. 수상 : 충북여성문학상, 대표에세이 문학상. 저서 : 수필집 『달팽이 소리 지르다』 산문집 『애인이 되었다』.
E-mail : dokjongeda@hanmail.net

인생은 한낱 헛된 꿈이 아니라서

허해순

"아." 라고 짧게 감탄을 하고는 내 얼굴을 빤히 바라보셨다. 그리고는 '45년 만에 다시 만나 그 기쁨을 묻으며 2013. 7. 12. 경주 수필의 날에' 라고 시집 맨 앞장에 적어주셨다.

『영원한 세계의 명시』를 편찬한 성춘복 작가와 너덜너덜해진 책이 거의 반백 년 만에 만난 것이다. 자신도 갖고 있지 않은 자식이라면서 쓰다듬고 어루만지다 돌려주셨다.

그때 700원 정가인 이 책은 고백하건대, 키가 훤칠한 남학생이 갈래머리 여고생에게 사귀자는 쪽지와 함께 보내온 우편물이다. 그동안 모임에서 보였던 태도로 보아 매우 보수적인 집안에서 자란 느낌을 받았는데, 의외였다. 만나서 거절 의사를 분명히 전하고 서먹하게 지내다 대학에 가면서 흩어져 자연스럽게 멀어진 관계가 되었다. 책에 이름이 쓰여 있어서 돌려줄 수 없었고 결국 이렇게 오랜 시간을 함께 하고 있다.

워즈워스의 「초원의 빛」으로 문을 연 시집은 36명 시인의 작품 129편이 실렸다. 맨 뒤에 각 시인에 대한 해설이 있고 원시(原詩)가 실려 있다. 시인들의 초상화와 초상 사진도 있다.

에밀리 디킨슨의 「내가 만일」을 읊조리며 시인에 대한 해설을 읽고 사진을 보면서, 여성 작가이고 실연과 아버지 성격 때문에 숨어 살면서 시를 쓰고, 사후에 알려진 시들이 이미지즘의 선구가 되었다는 사실을 알았다. 고통과 절망 속에서 이런 숭고한 사상의 시를 쓸 수 있다는 건 작가란 이루어져가는 존재가 아니라 타고난 사람이라고 생각했다.

입시 준비를 하면서 팍팍해지자 친구 몇이 영화를 보러 갔다. 모의시험 결과로 심란한데 알랭 들롱 주연의 〈태양은 가득히〉는 주제곡과 스토리와 주인공의 파란 눈동자가 더 마음을 가라앉게 만들었다. 그 밤, 영화를 같이 봤던 한 친구가 집으로 찾아왔다. 옥상으로 데려가서 마음을 달래주려 이 시집에서 롱펠로우의 「인생찬가」를 찾아 낭독했다.

      슬픈 사연으로 내게 말하지 말라,
      인생은 한낱 헛된 꿈에 지나지 않다고.
      이렇게 시작하는 이 시는
      속에는 심장 있고,
      머리 위에는 신이 있다!

라고 노래한다. 부지런히 일하고 어떠한 운명도 헤쳐 낼 정신으로 살자고 격려한다. 친구는 눈물을 글썽이고 시를 적어달라고 했다. 이과생인 그 친구는 국문과로 진학했다. 분명 그 밤이 터닝 포인트가 되었으리라.

그리고 또 한 권의 책.

대학에서 전공 필수 과목인 요리 실습 후 평가를 기다리던 설렘이 이 책속에 아직도 남아있다. 첫 요리 실습은 고명인 달걀 지단과 미나리 초대, 그 다음 시간에는 똑똑이 자반을 만들었다. 내가 자반 만드는 과정을 똑똑하게 발표했던 기억이 난다. 수학사가 발행하고 윤서석 박사가 저술한 정가 2,800원『한국요리』는 대학 교재였다. 1960년 초판을 더 보충한 개정판이다. 맛있고 영양 있고 볼품 있는, 아름답게 차려진 음식상은 건강 증진이 근본이겠지만, 가족, 친지, 이웃 등 인간관계를 두텁게 한다고 머리말을 썼다. 그러면서 음식은 그 방법보다 정성이 앞서야 맛있게 된다고 한다. 여러 가지 상배(床排)와 절식(節食)과 유래, 조미료와 고명, 밥과 반찬, 음료의 조리법, 재료별 조리법, 저장식품, 식단, 부록으로 식품 재료의 영양과 열량을 분석해 놓아 그 내용이 방대하다. 인스턴트 커피까지 분석해 놓았다.

지금은 명절이나 동지(冬至)정도만 지키지만 선조들은 1년을 24절기로 나누어 그 계절 재료로 별식(別食)을 만들어 여러 가지 놀이를 하면서 즐기며 먹었다. 식사 때는 약주를 곁들이고 그러기 위해서 가

양주를 담그고 가문의 비법을 자손에게 전했다.

한국 요리의 조리법은 크게 나누어 밥, 탕, 면, 조치(찌개), 전골, 찜, 전, 구이, 조림, 숙채, 생채, 회, 마른 반찬, 젓갈, 김치, 편(떡), 과정(숙실과류), 음청류로 분류한다. 이것을 만드는 과정을 소상히 적어놓았다.

옛 우리 식사예절은 조석(朝夕)상은 물론 잔칫상도 개인 앞으로 한 상씩 대접하고, 반상은 가장 웃어른께 먼저 드리고 그 물림상을 나머지 식구들이 받았다. 그래서 구운 생선을 뒤집어 먹으면 복 달아난다고 했나보다. 유교 사상이 바탕이던 시대의 풍습이다. 내가 크던 시대에는 온 가족이 한상에서 먹긴 했으나 어른이 수저를 먼저 들고, 내 식사가 먼저 끝나도 어른이 수저를 상에 내려 놓아야 밥그릇에 올려놓고 기다리던 내 수저를 상에 내려놓았다. 그때 외가의 식사 풍경은 외할아버지가 독상을 받고 외할머니와 우리가 겸상을 했다. 평소 두 분만 계실 때에도 따로 밥상이었다.

전통 요리뿐만 아니라 그 시대의 식사 예절까지 적혀있다 보니 맏며느리 역할을 하는데 많은 것을 이해하게 해준 책이다. 그 시대의 풍습과 교육이 몸에 배인 시어머니와 30년이 넘도록 함께 살면서 우리 집에 모이는 시집 식구들과 각종 행사를 치렀다. 덕분에 가정식 반찬은 숙달이 되어서 어떤 재료든 다양한 방식으로 조리할 수 있게 되었다. 다른 어떤 요리 서적보다 조리법이 기본에 충실하고 자세히 나와 있어서 『한국요리』 책만 보면 해낼 수 있다. 요리도 능숙해지면 무궁

무진하게 변주가 가능하다.

『영원한 세계의 명시』 시집은 여고 때부터 『한국요리』 책은 대학 때부터 내 곁에서 나를 이끌어주었다. 문학책이 넘쳐나고 식재료가 글로벌해져서 다양한 요리법을 소개한 책들이 쌓였지만, 닳고 닳아 너덜너덜해진 두 권의 책은 나에게 문학 주부 '문주'라는 정체성을 안긴 책이다. 무생물인 책도 생명이 깃들어있다는 것을 느낀다. 인생은 한낱 헛된 꿈이 아니라 부지런히 일하고 어떠한 운명도 헤쳐 낼 정신으로 살아야 한다고 속삭인다.

허해순 |『월간문학』 수필 등단(2008년). 한국문인협회, 대표에세이문학회 회원. 전북대 사범대 졸업. 수상 : 제 6회 한국문학인상 수상, 수필「맛타령」. 저서 : 공저『담장을 허무는 사람들』『내 인생의 빨강』『짧지만 깊은 이야기』『나는 □ 이다』외 다수. E-mail : nobleher@hanmail.net

꿈, 아프리카의 불빛

허문정

　내게 작가라는 이름표를 달고 살아가도록 동기를 부여해 준 책이 있다. 영월 단종제 백일장에서 부상으로 받은 동화책 전집이다. 그 전집에는 위인전, 이솝우화, 전래 동화, 창작 동화… 등이 있다.
　초등학교 3학년 때, 우연히 「가을」이란 동시를 지어 녹음했는데 매일 교내 방송에서 틀어주었다. 4학년 때는 방과 후 글짓기 공부를 하게 해주신 담임 선생님 덕분에 영월 단종제 백일장에 나가 장원을 하였다. 그때 부상으로 받은 그 동화 전집이 생애 첫 책이 되어 내 문학 감성에 속잎이 돋게 했다. 상으로 받은 책이라 더 애착이 가서 읽고 또 읽다 안고 잠들기를 수없이 했다.
　나와 다른 세상을 상상하고 슬픈 주인공이 되어 베갯잇을 적시기도 했던 동화책. 용기와 인내를 배우고 선과 악의 대결로 가슴 졸이고 주인공과 나를 비교해 보며 날마다 마음의 크기를 넓혔다. 돌이, 순이, 삼돌이, 분이…. 주인공 이름이 참으로 토속적이어서 더욱 정감이 갔다.

창작동화 중에 기억에 남는 이야기는, 삼돌이가 우는 동생을 아무리 달래도 울음을 그치지 않자 동생 입술을 깨물어버린 일이다. 맏이로서 다섯 동생을 돌봐야 했던 나는 은근히 통쾌하기도 했다. 야단맞을까 봐 집에 들어오지 못하고 간장 장수를 온종일 따라다니며 손수레도 밀며 '간장이요!'를 외치는 삼돌이. 해가 저물자 아기 입술에 간장을 발라주면 금방 낫는다며 간장을 들려 집으로 돌려보낸 간장 장수의 지혜도 감동이었다.

또 한 줄거리는 얼굴에 가루분을 바르고 시집간 누나를 찾아 나서는 돌이 이야기다. 산속을 헤매다 길을 잃고 바위 밑에서 쪼그려 앉아 울 때는 가슴이 아렸다. 캄캄한 밤, 돌이를 찾아 나선 아버지의 횃불. 그제야 안도의 한숨을 쉬었다. 어미 소가 송아지를 낳았다며 송아지는 돌이 것이라고 할 때, 돌이가 덜 외로울 것 같아 어찌나 기쁘던지. 마음이 따뜻해졌다.

두 번째 책은 중년이 되어서 마주한 와리스 디리의 『사막의 꽃』이다. 유엔 인권 대사가 된 와리스 디리의 자전적 수기로, 미개한 국가에서 태어나 '할례'라는 비인간적 의식을 감내하는 소말리아 여자들의 사연이다.

소말리아에서는 전문 의료 장비나 의사가 없이 소독하지 않은 면도

칼이나 유리 조각으로 마취도 하지 않은 채 여성의 생식기를 할례한다. 세균에 감염되어 생명을 잃기도 한다. 관습은 잔인하고 처참한 여성 학대였다. 조선에서 여자로 태어난 것을 한탄하는 허난설헌의 글을 읽은 적 있는데, 이런 현실을 보고 그 여인은 무슨 말을 했을지. 책을 읽다가 너무 비참해서 나도 모르게 비명과 한숨이 새어나왔다. 읽다가 수없이 책을 덮었다. 여자들의 행복과 권리가 남성보다 가치가 없다는 생각. 여자를 남자의 성적 대상으로 여기고 경제적, 법적 통제 아래 두려는 생각은 인권 탄압이 아니고 무엇이랴.

조국, 학력, 인종. 무엇하나 나은 게 없지만 작가는 자신의 비극을 발판삼아 세상의 인권을 위해 일한다. 의지가 아무리 강해도 운명을 극복하기란 쉽지 않은데, 작가는 절망에 빠지지 않고 자신의 치부를 과감히 드러내어 상처를 치유해 가는 발전적 삶을 택한다. 자신이 당한 상처를 또 다른 여성들이 겪지 않게 하려고 몸을 사리지 않는다. 그녀가 불의에 맞서는 일은 세상의 여성들을 사랑하는 마음에서다.

절망이 닥쳐올 때 나를 일으켜 세우는 힘은 자기애다. 작가는 자신의 존귀함을 알기에 아픔을 견뎌내고 남도 사랑할 수 있다. 자신을 사랑하지 않았다면 생을 포기했을지도 모른다. 성차별을 겪으면서도 침묵해 온 세상의 여자들 또한 가해자일 수 있지만 작가는 묵인해온 다수의 여성들과 사회를 증오하지 않고 차근차근 문제에 접근한다. 나는 여기에서 세상의 따뜻한 빛을 보았다.

오백 년 전부터 페미니즘 운동을 벌여 왔고, 몇 년 사이, 전 세계적으로 미투 운동이 활발히 일어났다. 우리나라에서도 낯부끄러운 일들이 속속 드러났다. 요즘 여성들은 부도덕성을 감추기 급급하던 과거의 여성들과 달리 씩씩하게 맞서 고발한다. 우리 여성들의 희망이며 작가와 같은 앞선 여성들의 힘이 크다.

마지막으로 눈물겹던 일은 작가는 가장 존경하는 사람이 어머니라고 했다. 왜 나를 이리 척박한 환경에서 낳았느냐고 원망도 하련만 처참한 현실을 인내해 온 어머니를 숭앙한다. 가깝고 편하며 속속들이 잘 알고 있어서 여자가 여자를, 딸이 어머니를 존경하기란 쉽지 않다. 어머니를 존경하는 일이 결국은 자신을 사랑하는 일, 모든 여성을 사랑하는 일임을 일찌감치 깨달은 것이다.

공존해야 하는 세상, 남녀평등은 양성 모두를 위한 일이지 한쪽만을 위한 일이 아니다. 작가의 활발한 활동은 지금도 진행 중이고 그녀와 같은 사회 활동가가 있는 한 미래는 밝다. 그녀가 펴낸 책의 판매 수익금은 할례를 당하는 어린 소녀들의 인권을 위해 쓴다니 감동의 여운이 길게 남았다.

허문정 | 『월간문학』 수필 등단(2009년). 시와사람 시 등단. 광주문협, 대표에세이문학회, 시와사람 시학회 회원. 저서 : 시집 『어린 애인』 수필집 『눈썹을 밀며』. E-mail : shin_saimdang@hanmail.net

푸른 흔적

김진진

파란(波瀾)이 일었다. 산자락을 쓸고 내려와 질주하는 바람 소리에 몸을 맡겼다. 치대는 가지들 사이를 비집고 밀려드는 폭풍우가 온 몸을 휩쓸고 지났다. 미친 듯 바람받이 언덕을 내달릴 때면 환청 아닌 환청으로 거센 이명이 소용돌이쳤다. 창창하던 일상이 무너진 당혹감에 나는 어찌할 바를 몰랐다. 대학 입시 준비로 밤늦게까지 자율 학습에 매달리던 내게 대학 진학을 포기하라는 부모님의 말씀은 청천벽력이었기 때문이다. 부러진 앞날이 창백한 얼굴을 들이미는 순간, 걷잡을 수 없는 정신적 무질서가 덮쳤다.

가을하늘이 수시로 색깔을 달리했다. 파르스름하다가 파랗다가 이내 새파랗게 모습을 바꾸었다. 된통 후려 맞은 뒤끝처럼 퍼렇다가 시퍼렇기도 해서 마침내 불그죽죽 검은 빛을 내쏘았다. 호된 아픔이 일었다. 숨겨진 발작이 심장을 관통해 말초혈관 어딘가를 들쑤시고 다니는 것 같았다. 온순하기만 해서 억눌렸던 사춘기가 뒤늦게 때를 만난 광기처럼 아무도 모르게 내 안에서 지각 변동을 일으켰다. 무엇이 문제인가.

입시가 코앞으로 다가왔다. 하교 길에 무작정 버스를 타고 서울역에 내렸다. 휘청거리는 오후의 도심이 어지럽게 출렁거렸다. 고삐 풀린 망아지처럼 제멋대로 시내를 배회하다 종로를 거쳐 혜화동 로타리를 지났다. 하나 둘 불빛이 거리를 수놓기 시작했다. 서울의 거리를 활기차게 만드는 아랑곳없는 무심함이었다. 둔중한 열아홉이 아니어서 참으로 막막했다. 느닷없는 병마저럼 몸속 을 파고드는 스산한 울분에 부대껴 아리랑 고개에 이르렀다. 터벅터벅 어두컴컴한 북악 스카이웨이 중간에 올랐을 때였다.

갑작스런 바이올린 소리가 귀청을 울렸다. 그 소리를 향하여 몸을 틀었다. 검고 울창한 나무들 건너편 2층 창가에서 누군가 연주를 시작했다. 사라사테의 〈지고이네르바이젠〉이 밤하늘을 뚫고 솟구쳤다. 파편이 튀듯 일시에 가슴속이 뒤흔들렸다. 따스한 불빛과 이완된 평화, 그것이 도화선이었을까. 내 안에 웅크린 어떤 것이 걷잡을 수 없이 눈시울을 타고 흘렀다. 지난 나의 날들이 거기에 살아 움직이고 있었다. 언제쯤 되찾을 수 있을 것인가. 원서를 쓰느라 북적대는 아이들 모습이 눈앞에 어른거렸다. 이 고통을 끊을 수 있는 무언가가 필요했다. 그들 속에서 스스로를 숨어 내지 않으면 안 되었다. 그날 밤 죽은 듯 엎드려 날밤을 새웠다. 정릉 골짜기를 타고 흐르는 싸늘한 바람이 밤새 주택가 창살을 오르내렸다.

대학 시험이 시작된 입시 날 아침, 나는 어느 회사의 사무실에 앉아 있었다. 면접을 끝내고 온갖 물감으로 실기 시험에 몰두해 있었다. 그것이 내 사회 생활의 시발점이었다. 입사 뒤 찬란한 청춘의 유혹들이 손을 내밀었다. 부산한 감정으로 얽힌 머릿속은 오로지 무언가를 향한 응시로 가득할 뿐이어서 모두가 관심 밖이었다. 입담에 능한 이들이 혹시 석화(石花) 아니냐는 농담을 던져도 그저 귓등을 타고 흘러내렸다. 속에서는 번뜩이는 이성의 소리가 예민한 촉수처럼 등뼈를 타고 올라 신열을 뿜어내는 중이었으니까 말이다.

대학을 나온 자와 대학을 나오지 못한 자의 경계가 나를 괴롭혔다. 보이지 않는 유리벽이 은밀히 내통하는 이 사회가 잠재된 치열함에 거센 물살을 일으켰다. 거미줄 같은 장막을 치워야겠다는 오기만이 꿈틀거렸다. 어떠한 순간에도 혼신을 다한 것만이 확고한 자리매김을 보장해 주었다. 누군가 허튼소리로 자신의 위치에서 견줄 바 없는 자리를 확보했다고 말해준 것이 이십대 중반이었을까. 그러나 나의 정신세계는 여전히 혼란스러웠다.

바로 그 무렵이었다. 어느 날 서점 안을 돌다가 독특한 이름의 책을 발견했다. 헤르만 헤세의 『유리알 유희』였다. 헤세의 어지간한 책들은 이미 다 섭렵한 뒤인지라 그의 언어가 더욱 궁금했다. 뛰어난 음악적 자질을 갖춘 불우한 13세 소년의 성장기였다. '음악 속에서 규범과 자유, 복종과 지배를 온화하게 융화시키는 정신적 경지'* 그것이 어린 음악천재 요제프 크네히트가 지닌 가장 뛰어난 재능이었다. 음악가가 될 소질과 영감, 무한한 절제와 경외감을 일찍 발견한 그의 스승(음악 명인)은 무언 속에서 많은 것들을 가르쳐 주었다. 정신의 굴곡을 통과하는 한 젊은이의 내면세계가 세밀하게 펼쳐졌다. 모든 세속적인 것들을 벗어난 명상의 세계(유리알 유희)가 나의 심연을 파고들었다.

명상의 단계들이 고차원으로 심화될수록 어린아이와도 같은 순진무구함을 추구하게 된 요제프 크네히트의 모습이 마음을 사로잡았다. '바람소리와 빗소리에 귀를 기울이고 꽃이나 흐르는 물을 들여다보고, 그저 모든 것을 희미하게 느끼고 동정과 호기심과 이해하고자 하는 욕심에 마음이 끌렸다. 자아에서 다른 자아로, 세계로, 비밀과 신비로, 현상 속의 슬프고도 아름다운 유희'*로 잠겨가는 은발의 성자에게서 나는 우아한 원숙함을 발견했다. 인간의 정신세계, 그 넓이와 깊이가 짙은 여운을 남겼다.

길이란 얼마나 무수한가. 한 권의 책이 내 안에 숨겨진 도약과 의지를 집중과 침잠으로 이끌고 마침내 비약으로 나아가게 만들었다. 조금 늦었지만 대학교에서 4년 동안 국어국문학을 전공했다. 일과 공부

---

* 헤르만 헤세,『유리알 유희』 중에서, 청목출판사(1991), p.13~17 인용.

를 병행하는 것이 쉬운 일은 아니었다. 교재 한 권당 무조건 기본 6번 이상 독파했다. 어디쯤 무슨 내용이 있는지 환히 꿰뚫어야만 비로소 책을 놓았다. 4학년 졸업 무렵에는 체중이 11kg 넘게 줄어 있었지만 몰입과 성취, 그 모두가 만족스러웠다. 정신적 무질서와 방황이 걷히고 후련함이 동시에 밀려들었다.

푸른 흔적들이 거친 무늬를 이루며 내 안에서 꿈틀대던 시간들이 지나갔다. 때로 오랜 고통 속에 서 있었지만 고통의 점화가 나를 진화시켰고 그것이 오늘의 나를 만들었다. 우리의 인지적 기능은 인색해서 한참만에야 조금의 지혜를 돌려준다. 오만가지 푸른빛으로 나를 지배했던 격렬한 이십대가 그 뒤 머나 먼 항해를 시작했다.

생의 전환점을 돌고 돌아 우연히 만난 『금강경』이 근래의 나를 새로이 정립시키고 있다. 잡다한 세상사를 분리해서 저만치 던져두고 번잡스러움을 뚝 떼어내 마음 밖에서 바라볼 수 있게 된 것은 참으로 다행이다. 날이 갈수록 고운 것과 미운 것의 경계가 생겨나지 않으니 스스로 편안함을 얻었다고 해야 옳겠다.

김진진 | 『월간문학』 수필 등단 (2011년). 한국문인협회, 대표에세이문학회 회원. 수상 : 동서문학상, 대표에세이문학상, 경북일보 문학대전 수상, 제16회 원종린수필문학상 작품상 수상. 저서 : 소설집 『오래된 기억』. 수필집 『어느 하루, 꼭두서니 빛』. 공저 『대표에세이선집 30주년기념』 『바람결에 수굿수굿』 『나에게로 온 날들』 외 다수. 가곡 : 「그대와 나」 「그대의 뒷모습」 작시. E-mail : wf0408@hanmail.net

[무소유]로 산다는 것

전영구

친생 다고 났으니 고치려 애쓰지도 않았고 오히려 무뚝뚝한 말투나 행동이 무슨 무기인 양 주위를 불편하게 하지는 않았는지 돌아보니 어느새 스스로 만들어 놓은 틀 안에서 허우적거리는 자신을 발견하고 말았다. 불만투성이인 삶의 방식도 문제지만 사람이든 사물이든 주위에 있는 모든 것을 자신의 소유로 만들어야 직성이 풀리는 못된 성품은 스스로를 고립시키는 자충수를 두고 말았다. 삶이 힘겨울 때마다 헤쳐 나갈 방법도 모르고 사니 그 답답함은 이루 말할 수가 없었다. 그나마 다행인 것은 스스로 힘겨울 때마다 베란다에 식물을 가꾸고 그들에게 활기찬 생명을 주며 시간이 날 때마다 그들을 바라보며 자신의 감정을 조절하려는 노력이 어느덧 취미 생활이 되어 버렸다. 손톱만한 잎사귀에 물을 뿌려주고 세심하게 닦아주며 뭔가 답답한 가슴을 열어 그들에게 말을 건네며 실없는 웃음을 흘리는 시간이 잦아 진 것이다. 남자는 무조건 스케일이 큰일을 해야 한다던 허황됨에 젖어 거칠기만 했던 행동과 생각이 조금은 무뎌지고 있었다. 하지만 쓸데없이 뻣뻣하기만 했던 성격이 부드러운 눈웃음으로 바뀌고 섬세한 손길이 되기까지 내 소유라 여겼던 식물들에게 너그러운 베풂이 한 몫을 했다는 생각이 부끄러움으로 바뀌는 시간은 그리 오래 걸리지 않았다.

어느 해인가 부활절 아침에 핀 작은 난꽃으로 행복감을 느끼게 된 후, 아마도 집착에 가깝게 풍란을 가꾸고 있는지도 모른다. 작은 몸체에서 꽃이 피어난 것도 신기한데 베란다를 가득 채운 향은 기쁨을 배가시켜주는 거였다. 시기가 되면 피어오르는 것이 자연의 섭리일지는 몰라도 암튼 그들이 주는 기쁨은 힐링이라는 단어를 사용해도 될 만큼 내 생활패턴에도 깊숙이 관여를 하고 있었다. 적당량의 물만 뿌려주면 난들이 보여주는 싱그러운 모습에 활기찬 하루가 되기도 하고, 조금만 게으름을 피우면 축 늘어진 그들을 바라보며 때로는 우울한 기분이 들기도 하는 감정의 기복을 그들 탓으로 돌리는 억지를 쓰기도 했다. 함께 나누는 삶의 여정은 그런대로 순탄한 듯 보여도 눈에 보이지 않는 문제는 그들 생명에 이런저런 형태로 삶의 방식을 반 강제적으로 바꿔놓는 것에 있었다. 그들이 살고 자라온 모양 그대로 키워야 하는데 나름 아름답고 멋지게 꾸며야한다는 강박감에 돌이나 나무 뿌리에 접목을 시키는 소위 석부작, 목부작을 만들어 놓고 그 안에서 생명을 이어가는 신비를 즐겨 감상하는 게 흠이 된 것이다. 소유물이라는 생각에 식물이 느껴야하는 아픔이나 불편함은 무시한 채 나만의 기쁨만을 추구한 것이다. 뭔가를 소유하고 있다는 만족감은 늘 기쁨만 주는 게 아니었다. 느낌의 차이일 수도 있지만 간혹은 난처한 입장이 되기도 하고 걱정의 빈도가 잦아지기도 했다. 여행이나 장기간 집을 비워야할 때의 공백이 그들에게는 생명에 지장을 줄 수도 있다는 것이다. 즐거운 여행에서 돌아오자마자 제일 먼저 달려가야 할 곳이 베란다이고 수분이 부족해 풀죽은 난 잎을 볼 때마다 죄책감을 느끼기도 한다. 그나마 끈질긴 생명력을 지닌 식물이기에 다행이지만 마음이 편치 않은 것은 사실이다. 이런 저런 감정으로 혼란스러울 시기에 우연히 법정 스님의 『무소유』를 읽으며 낯뜨거워 오는 것은 오롯이 나의 몫이 되어 버렸다.

  지인 스님이 주신 난을 키우기 위해 서적을 구해 읽고 비료를 구입해 뿌려주고 계절마다 온도에 맞춰 옮겨가며 애지중지 키우던 법정 스님은 마음속으로 이런 정성으로 부모님을 모셨으면 효자 소리라도 들었을 텐데 하는 씁쓸한 마음이 들었다고 한다. 정성스럽게 키운 난이 주는 꽃과 향기를 감상하는 호사에 더욱 더 난에 매달렸지만 외출조차도 편히 할 수 없고 설령 했다하더라도 이런 저런 걱정에 마음을 졸이다가 결국 난을 떠나보내야 했고, 그 후 홀가분한 감정이 들어 뒤 돌아보니 결국 자신의 소유가 집착이었음을 느꼈다는 내용이었다. 내 것, 내 소유물이라는 생각이 얼마나 어리석은 것인지 늦었지만 깨닫게 해준 글이 주는 힘에 경의를 표하고 싶다. 누구를? 무엇을? 기다리는 것만큼 설렘이 있을까? 때가 되면 보이는 것보다는 불현듯 나타나 존재의 이유를 알려주는 그것이 자신의 소유라면 그 기쁨이 더할 것이다. 하지만 소유가 주는 만족보다는 내 것이라는 이기심으로 인한 과도한 관심과 애정표현으로 인해 때로는 무소유가 더 행복할 수 있다는 진리를 깨닫기까지 우매한 인간은 많은 시행착오를 겪어야 하고 그 피해자가 감정표현을 할 수 없는 식물이기에 더한 미안함을 느껴야 했다.

혼자만의 기쁨을 느끼기 위해 베란다에 억지로 가꿔진 작은 정원의 돌이나 나무에 뿌리를 내린 그들을 보고 있노라면 주인의 마음에 들기 위해 몸부림쳐야했던 그들의 처절했던 삶의 행보에 경의를 표하며 한편으로는 죄책감마저 들었다. 그렇다고 이제 와서 다시 뿌리를 이식하기엔 이중의 고통을 안겨주는 것 같아 전보다는 더 다정한 눈길을 보내주고 맑은 물을 필요한 만큼 뿌려주는 절제를 배우고 있다. 『무소유』라는 책을 읽고 감동을 받아 가진 것을 내려놓기에 애를 쓰고 있는 이 시점에도 한편의 수필을 소유하기 위해 머리를 쥐어짜고 있는 내 모습이 아이러니하지만 그래도 진심으로 그들의 입장을 배려하려는 마음을 다져 잡는 것만으로도 장족의 발전이 아닌가 한다. 아직은 무소유를 실천하기에 턱없이 부족한 인간이기에 더욱 더….

전영구 | 『문학시대』 시 부문 등단. 『월간문학』 수필 부문 등단(2013년). 사)한국문인협회 감사 역임. 사)한국수필가협회, 가톨릭 문인, 대표에세이 문학회 회원. 경기시인협회 이사. 경기 한국수필가협회 편집위원. 저서 : 시집 『후에』 외 6권. 수필집 : 『뒤 돌아 보면』. 수상 : 한국수필 작가상, 수원 문학인상, 백봉 문학상, 경기 한국수필 작품상, 경기 시인상 수상. E-mail : time99223@hanmail.net

이정표

김기자

약간의 궁금증에서 벗어난다. 자세한 것은 차량에 장착된 기기의 도움을 받는 편이지만 그래도 차창 밖으로 스치는 이정표가 더 은근한 느낌으로 다가와서다. 왠지 누군가가 나를 위해 서서 지켜보며 손짓을 하는 것 같은 편안함까지 밀려든다. 기계에 편협한 습관을 벗어나는 여유와 배려마저 발견할 수 있다.

마음의 이정표, 삶에서 중요한 좌표이다. 그것이 종교적일 수도 있고 각자 나름대로 품고 가는 것들이 있지 싶다. 어린 시절에는 부모나 스승으로부터 교육을 통해 성장하게 되고 성인이 되어서는 대부분 스스로 판단하며 헤쳐 가기 마련이다. 한참 후에야 뒤 돌아보면 아쉬웠던 일들이 드문드문 고개를 내밀며 마음을 흔들어 댄다. 그래도 날마다 다시 일어나고 거울을 비추이듯 자기 성찰을 통해 한 걸음씩 내딛으며 가고들 있다.

책은 늘 우리 곁에 가까이 있다. 누구나 삶에 양식이 되어주는 양서 몇 권 쯤은 지니고 있지 싶다. 소설이나 에세이, 시를 포함해 마음 밭에 안착해 싹을 틔우고 자라기까지 애장하는 습관도 하나의 행복한 일이리라. 그 속에 있는 갖가지 사연들이 평생토록 잊히지 않는다면 얼마나 유익한 수확이겠는가. 책꽂이에 눈길을 줄 때마다 잠잠한 유무형의 재산과 같은 기분이 들 줄 안다.

오래전 친한 벗으로부터 소설집을 선물 받았다. 돌아보니 내게는 참 적합한 선물이었다. 상업의 길이라는 『상도』 제목부터 지침이 되기에 충분하다. 거상 임상옥이라는 실존의 인물에 대한 일화가 드라마를 통해 알려 졌지만 책을 바탕으로 이해하기에는 더 실감이 난다. 주인공이 곁에서 근엄한 얼굴을 하며 글자로 서 있는 것만 같아서다.

장사의 길은 이윤이 중요하다. 하지만 이곳에서 주인공의 삶을 통해 인간의 깊은 내면에 깔려 있는 또 다른 길로 따라가게 되었다. 이윤만이 목적이 아닌 참다운 삶의 길을 가도록 하는 내용이라고나 할까. 그것이 책 속에서 발견한 이정표였다. 누군가가 지나간 길이 현대인의 가슴에 울림으로 남는다면 그보다 자세한 이정표는 없을 것이다.

책 속에서 세세토록 살아 있는 물건은 계영배이다. 비록 하나의 작은 잔일지언정 오늘날까지 사람들의 가슴을 다스리는 좌표가 되고 있다. 깊은 효력을 지닌 물건이었다. 주인공은 그것을 통해 거부가 되었고 상도를 지킬 수 있었던 것이다. 그를 낳아준 사람은 부모였지만 모든 것을 이루게 해 준 것은 계영배였다고 회고하는 주인공의 모습이 마치 곁에서 말을 하는 듯하다. 그 말이 가장 빛나는 글귀였다. 욕망의 절제를 알려주는 최고의 줄거리로 기억한다. 잠시 동안 삶 가운데서 헤맬 때 필요한 것, 자기 분수를 가늠하는 그릇, 무형일지라도 그 계영배를 가슴으로 소장해야겠다는 생각이 들었다.

어줍지만 나 역시 장사를 하며 살아간다. 눈앞의 이익을 계산하지 않고는 이어 갈 수가 없다. 그 가운데 부끄러움이 없어야 한다는 것을 익히면서 지내고 있다. 공감하는 것은 책에도 그런 내용이 대부분이다. 장사를 해서 이익을 남기기보다 사람을 남겨야 한다는 구절이 또 하나의 명언으로 각인 되었다. 상업이란 이(利)를 추구하는 것이 아니라 의(義)를 추구해야 한다는 공자의 말을 곁들인 마지막 페이지에서 다시 한 번 상도(商道)란 큰 그림에 빠져 들어갔다.

책 속의 풍경에 매료되는 것도 커다란 즐거움이다. 육신을 위한 양식도 매우 중요하거니와 영혼의 풍요를 채우는 길이기에 놓치고 싶지 않다. 사람을 만나고 거두어들이는 좋은 마당의 역할까지 감당한다. 그러나 현실과 이상 사이에서 옳고 그른 것을 구분 할 줄 아는 지혜가 필요한 것 까지 염두에 새기리라. 바람이라면 그런 의식이 삶 속에서 늘 깨어 있었으면 좋겠다. 책이 알려주는 이정표가 호기심과 안정감을 준다고 생각하니 활자 하나하나가 더욱 의미 있게 다가온다.

잠깐 사이에 이정표를 그냥 스쳐 지날 때가 있다. 방심한 탓도 있지만 지난 뒤에야 아쉽고 궁금해 하는 순간에 이르게 된다. 안타까움에 쌓인들 어쩌랴. 우리의 삶은 연습을 필요로 하지 않는다. 어제를 거울 삼는 내일의 길목이 눈앞에 놓여 있다. 날마다 넘어지고 일어서는 반복적인 자화상 앞에서 어디인가 목적지를 향해 가는 곳을 멈추지 않으려 애쓸 뿐이다.

남은 생의 이정표 앞에서 마음을 추슬러 본다. 짧다면 짧다 해도 효율성 있게 보내야 하는 날들이 기다리고 있다. 여러모로 항상 마음에 걸리는 한마디 말처럼 '지금 알고 있는 것을 그때도 알았더라면' 하는 류시화 시인의 잠언집이 '상도'와 함께 손닿는 곳에서 나를 세운다. 제목부터 언제나 나를 끌어당기는 책이다. 이 두 권은 내게 있어 잠언의 보고(寶庫)나 다름없기에 더 소중히 여기며 간직하고 있다. 이렇게 빛바랜 책 두 권 사이를 오가는 습관도 작은 행복이 되었다. 낯익은 글귀들을 들출 때마다 맑은 정서가 한 뼘씩 자라나는 기분마저 든다. 책을 통한 이정표, 그 내용들은 또 다른 스승이며 친구이다.

김기자 | 『월간문학』 수필 등단(2013년). 저서 : 수필집 『초록 껍데기』. 한국문인협회, 충주문인협회, 대표에세이 회원. E-mail : kkj8856@hanmail.net

열넷, 나를 만나다

김정순

 고향으로 가는 승용차 안이다. 부모님이 돌아가신 뒤 두어 번이나 다녀왔을까? 창밖 풍경들이 점점이 찍힌 발자국들을 깨우더니 단발머리 시절로 데려간다.

 내가 다닌 여중·고는 고창 모양성 안에 있었다. 어떻게 성안에 학교가 들어서게 됐는지는 모르지만 덕분에 감수성이 예민한 시절을 나무들이 우거진 동산에서 보냈다. 등굣길엔 아침햇살이 아름드리나무 사이로 하얗게 반짝였고 새소리가 숲 향기 자욱한 공기를 뚫고 머리 위를 굴러다녔다. 방과 후엔 한동네에 사는 정화와 정숙이랑 숲속을 헤집고 다니다가 숨쉬기 운동이라도 하듯 성 위에 올라 아래를 굽어보곤 했다. 멀리 뵈는 들녘과 고창 읍내는 어딘가로 무작정 떠나라고 내

심장에 바람을 넣었다.

중학교 2학년 어느 날이었다. 그날도 두 친구와 함께 성에 올라 들녘을 바라보고 있었다. 그때 어디선가 가슴을 저미는 노랫소리가 귀를 두들겼다. 꽃상여를 멘 사람들의 행렬이 논둑길을 지나며 부르는 상여가였다.

"이제 가면 언제 오나~ 오실 날짜 알려다오~/ 어허~ 어허이야"

주거니 받거니 하는 노랫소리가 내 의식 속으로 밀려 들어와 세게 부딪쳤다. 처음 맞닥뜨린 죽음이었다. 인간에게 영혼이란 게 있는 걸까? 영혼이 있다면 상여 속에 있는 저 사람의 영혼은 지금 어디에 있을까? 지금까지 저분이 쓰던 물건들은 어떻게 되는 거지? 열네 살 소녀는 그날, 사람은 언젠가 떠나야 하는 존재라는 것을 깨달았다.

그 뒤 티 없이 밝던 소녀의 봄날은 사라져버렸다. 주위 사람들은 웃으며 수다 떠는 소녀를 보고 너무 밝고 예쁘다고 했다. 죽음을 만지작거리는 열네 살 소녀의 뒷모습은 누구도 알 리 없었다.

어느 날 수업 시간이었다. 소녀는 유서에 쓸 글자들을 찾고 있었다. 무수한 말들이 머릿속을 떠다녔지만 잡으려면 다 흩어졌다. 글 한 줄 없이 죽는다면 죽은 나를 보고 엄마 아빠는 어떤 표정을 지으실까. 부모님과 선생님, 친구들이 아스라이 멀어져 갔다. 수업이 끝나는 종소리에 늪에서 겨우 빠져나왔다.

주변 사람들 모두가 죽음엔 관심이 없는듯하였다. 공부만 하는 친구들이 기계처럼 보였다. '왜' '무엇을' '어떻게'라는 말을 모르는 그들을 보면 왠지 숨이 막혔다. 친구들은 한 곳을 향해 가는데 내 방황은 끝이 보이지 않았다. 학교 성적은 곤두박질쳤다. 당연한 결과인데도 대학 불합격은 창피했고 숨고 싶었다. 얼마나 웃겼을까? 농사철에 빈둥대고 놀면서 땀 흘리는 농부를 로봇이라 비웃었으니.

그러다 우연히 들어간 미션계 대학에서 성경을 접하게 되었는데 그 무렵엔 읽어도 머리에 들어오지도 않았고 아무런 감동도 없었다. 성경 속 문장들이 하나둘 가슴으로 들어온 건 세월이 겹겹이 쌓인 뒤였다. "헛되고 헛되며 헛되고 헛되니 모든 것이 헛되도다."〈전도서 1:2〉 '맞아, 맞아. 내 마음을 들여다본 것처럼 말하네. 허무의 문제는 나만의 문제가 아니었던 거야.' 솔로몬의 고백이 나를 안아줬다. 성경 속의 많은 사람이 나를 다 이해한다는 듯 말했다. 인생은 그림자요 안개요 한 뼘 손바닥 길이에 지나지 않는다고. 마음의 병은 아픔을 읽어주고 공감만 해줘도 약이 된다. '그래, 나는 아침에 피었다가 저물면 이우는 풀꽃이야.' 어느 날 나 자신에게 속삭였다. 이 속삭임은 물레에 찔려 백 년 동안 잠이든 공주를 깨어나게 한 왕자의 입맞춤 같았다. 샤를 페로의 『잠자는 숲속의 공주』는 열다섯에 물레에 찔렸고 나는 열넷에 죽음을 만났다. 열네 다섯은 아이도 어른도 아닌 사춘기로 다음 단계를 향해 나아가는 과도기다. 허무와의 싸움은 한 단계 건너뛰기 위한 나의 날갯짓이었던 것이다.

문제는 죽음이 아니라 죽음을 바라보는 내 시선이었다. 시선을 조금 트는 데 서른 해를 지불했다. '서른 해라니 너무 아까워. 아니야, 그만한 가치가 충분히 있어. 자신을 아는 일보다 중요한 건 없으니까.' 저 울추는 언제나 오른쪽을 향했다. 상여를 만나기 전의 그림이 구름 한 점 없는 맑은 하늘이라면 그 뒤의 그림은 먹구름이 뒤덮인 하늘이고 성경을 만난 다음의 그림은 비가 온 끝 흰 구름 떠도는 하늘이라 할까. 철 모르던 시절에 빠져들었던 허무감이 나를 키웠고 죽음에 대한 생각이 나를 신 앞으로 인도했다. 검은 구름이 사라지자 성경이 '나는 누구이며 어디서 와서 어디로 가는가?'라는 물음의 답을 드러냈다. 성경은 이제 내 길을 이끄는 별이다.

집을 나선 지 4시간 만에 고창 읍성에 도착하였다. 고향 집 사립문을 열고 들어가듯 성안에 들어선다. 짙푸른 잔디밭과 산책길이 잘못 찾아온 듯 낯설다. 성을 복원하기 위해 학교를 성 밖으로 옮겨서일 거다. 친구들과 들락거리던 날들을 떠올리며 성 위로 발을 내딛는데 매미들이 일제히 팡파르를 울린다.

상여를 만났던 곳에 서서 들녘을 바라본다. 한 줌 바람이 숲속의 새소리와 사람들의 웃음이 뒤섞인 왁자한 소리를 내려놓고 간다. 눈에 익은 앳된 소녀가 환영처럼 나타났다 사라진다. 상여 속의 사람은 어떤 인연으로 나타나 내 어린 영혼을 깨우고 갔을까. 그날 그 상엿소리는 나를 부르는 신의 음성이 아니었을까. 그 부딪침이 없었다면 나는 지금 어떤 길을 가고 있을까. 몇 가닥 남지 않은 실타래가 보이는 듯하다. 구름을 엮어 햇볕을 가려주는 하늘을 보며 한발 한발 발을 내디딘다.

춘원 이광수의 '원효대사'

강창욱

1945년 8월 15일 정오에 우리 집 건너편 가게에서 나오는 라디오에 길 가던 사람들이 모여들어 모두 심각한 얼굴들을 하고 경청하고 있었다. 알고 보니 일본 천황이 울먹거리며 2차 세계대전의 항복 선언을 하였던 것이다. 몇 시간 후에 길거리에는 사람들의 손에 일본 국기가 아닌 전에 보지 못한 일본 국기에 검정색과 파란색이 섞인 기를 흔들며 다니는 것이었다. 나는 만 여덟 살이었고, 그것이 소학교 이학년 여름 방학 때였다. 사람들은 "해방, 독립, 대한, 조선" 등 새로운 조선말을 하고 일본말을 하는 사람들이 훨씬 줄었다. 이틀 후에 아버지께서 회사에서 퇴근 하셨을 때 책 두 권을 내게 주시면서 공부를 해 보라고 하셨다. 나는 곧 새로운 말을 배우고 거기에 따른 글도 배워야 한다는 것을 직감했다. 하나는 노란 조선지에 실로 제본한 『千字文』이라고 쓰인 것이고 다른 책은 『元曉大師』라고 쓰인 현대식 책이었다. 천자문을 열어 보니 자주 본 한자로만 잘 정리된 책이었고 다른 책은 전에 보지 못한 글들이었다. 아버지께서 당시에 언문이라는 것을 만년필로 종이에 열거하여 내게 외우라고 만 하셨다. 일본말 '가나'와 비슷한 점이 많아 곧 이해를 하였고 며칠 후에는 「원효대사」를 읽을 수가 있었다. 한글은 참으로 배우기 쉬운 문자였다. 그때는 충격을 받았다거나 신기하였다는 기억은 없다. 어머니와 아버지께서는 내게 공부를 시키실 목적으로 매일 저녁에 「원효대사」를 읽게 하셨다. 나는 차츰 두 분께서 내가 읽는 그 소설을 즐기신다는 것을 느꼈다. 그것은 일거양득 이었다. 저녁 간식도 꼬박꼬박 나왔다는 것도 좋았다. 그 책 한 권을 다 읽고 난 후에 두 분께서는 다시 처음부터 읽으라고 하셨다. 매일 저녁상을 물리고 나는 방 한가운데 앉아 그 책 읽었던 것이 마치 오늘날 식구들이 둘러 앉아 드라마 영상을 즐기는 것을 상상케 한다. 곧 나는 「원효대사」라는 소설로 배운 한글을 터득하여 동리에 있는 국민학교가 개학 했을 때 크게 힘들지 않았다. 다만 어려웠던 것은 경상도 말을 표준말(서울말)로 표현 하여야 했던 것이다. 능금은 사과요 된장은 찌개요 고기는 생선이고 살은 쌀이었고 이런 것에서 시간이 걸렸다.

그로부터 소설 「원효대사」를 네 번은 더 읽었다. 아버지 어머니에게 읽어드린 것이 두 번이었고 몇 년 후에 중학교에서 여름 방학 숙제로서 소설 하나를 읽고 독후감을 써야 했을 때 또 한 번 더 읽었다. 학교에서 '화랑도'라는 재미있는 역사 공부 할 때에는 으쓱하기도 했다. 나는 알고 있었으니까. 우리나라 역사도 다소 알았기 때문에 조금은 이해가 가는 것 같았지만 그래도 이야기를 읽는 것 정도였다. 1965년에 도미하여 정신의학을 전공하면서 '사랑'에 대한 공부를 할 기회가 있었다. 그때 춘원의 「사랑」「무정」「원효대사」「육장기」 등을 다시 읽었다. 마침 미국에서 춘원 이광수를 깊이 공부한 동창으로 부터 책을 빌려 볼 수 있었다는 것은 커다란 축복이었다. 관심이 있으니 그런 사람을 알게 되고 내게 어떤 사명이 있었던 것인지 환상을 한 적도 있었다. 1984년에 내가 기독교로 전환했을 때 춘원이 기독교와 불교를 함께 심요하게 공부한 것이 기억이 나서 다시 「원효대사」를 읽었다. 한국의 역사, 불교나 기독교 이전의 한국의 원시종교를 토대로 한 이야기가 소설 「원효대사」 속에 있었다는 기억 때문에 다시 읽게 되었던 것이다.

정신의학을 전공하고 종교를 공부하면서 그 많은 학설들이 소설 「원효대사」 속에서 보였다는 것을 알게 되면서 이 훌륭한 소설이 다른 나라말로 번역이 되지 않았다는 한탄도 하였다. 춘원 자신도 자기의 작품이 다른 나라 말로 번역되기를 바랐을 것이다. 춘원을 알기에는 춘원 자신이 쓴 여러 자서전 보다 그의 단편에서 그의 솔직한 심정이 더 보였다. 정신의학을 공부한 때문이라고 본다. 춘원의 무의식이 보였다는 말이다.

결국 나는 춘원의 단편을 모두 모아 영문으로 번역하여 출판 하였다. 『The Best Short Stories of Lee Kwang-su』 바로 그때에 춘원의 큰딸, 이정란 박사가 『Khasil and the Best Essays of Lee Kwang-su』라는 춘원의 단편을 영문으로 발간하였다. 춘원이 떠난 지 65년 후에 동시에 두 춘원의 단편집이 영문으로 출판 되었다. 우연일까? 이광수를 알려면 그의 단편을 읽어야 한다는 것이 자명하였다는 말이겠다. 그의 작은 따님도 『나의 사랑하는 아버지, 이광수』라는 책을 발간하였다. 그러나 아직도 그것으로는 춘원 이광수의 소개로는 부족하다고 본다. 이 수필을 쓰기 위해서 나의 기억과 생각을 확인하기 위하여 다시 「원효대사」의 초판을 읽었다. 이번에는 내 평생 쌓은 모든 지식, 나의 종교적 도덕적 사상, 역사 지식, 심리학, 사회학을 모두 다시 끄집어내어 「원효대사」를 읽었다. 그리하여 춘원의 사회 개혁, 인도주의 사상 등 그의 철학을 더 이해하게 되었다. 학자들은 그가 톨스토이의 철학을 받아들였다고들 했지만 나는 춘원의 독특한 인애 사상을 다시 보았다.

「원효대사」를 읽는 것은 마치 성경을 읽듯이 읽을수록 더 심오한 것들을 발견하고 그것들을 사랑하게 되었다. 이젠 이 책을 다시 책장에 꽂고 싶지 않다. 이 책은 아마 내 책상위에 성경, 노자, 불교 입문, 여러 사전들과 함께 오래 남아 있을 것 같다.

강창욱 | 『월간문학』수필 등단(2015년). 한국문인협회, 대표에세이 회원. 미국거주. 저서 : 문학연구 『The Last Journey of Jack Lewis』(2013). 영문소설 『Westbow Press』(크리스천출판사). 단행본 『기도에 대하여』(췌사픽 개혁신학원출판부, 2007). 논문 : 『춘원 이광수와 정신의학의 발전』(춘원 연구보 제3호, 춘원연구학회, 2010), 『춘원의 영적 순례』(춘원연구학보 제4호, 춘원연구학회, 2011). 전문서적 『정신분석과 창작』(학지사, 2020). E-mail : cwkang@comcast.net

창을 닫으며

신순희

　　고등학교 1학년 때 담임 선생님은 영어를 가르치는 시인이었다. 흐린 날, 선생님은 수업 중에 무심하게 창밖을 보며 시를 읊었다. 선생님의 목소리가 시에 나오는 순박한 이름을 부를 때 유난히 길게 흔들렸다. 몇몇 아이들은 어색한 분위기에 고개 숙이고 웃었지만, 나는 선생님의 순수한 감성을 읽었다.

　차분한 모습의 선생님은 반 아이들에게 종례 시간에 소설책을 한 권 읽고 독후감을 써오라는 숙제를 내주었다. 마침 나는 도스토옙스키의『죄와 벌』을 읽고 있었다. 전당포 노파를 도끼로 살해하고서 정당성을 찾는 라스콜니코프와 피폐한 그를 감화시킨 창녀 소냐에게 잔뜩 빠져있었다. 소설을 읽고 슬프지 않은데 눈물을 흘린 건 처음이었다. 그 책의 독후감을 써냈다.

선생님은 내가 쓴 독후감을 좋은 글로 선정해 주었다. 선생님은 교실에서 별 존재감 없는 내게 관심을 기울이고 가만히 다가와 말을 걸었다. 나한테만 그런 건 아니었다. 누구에게나 그랬다. 세심하고 유연하게 제자들을 격려하고 차가운 두뇌보다 따뜻한 마음을 보여주었다.

고등학교 2학년 중간고사가 끝난 날, 해방감에 들뜬 아이들이 우르르 몰려 대한극장으로 영화 〈닥터 지바고〉를 보러 갈 때 나는 친구와 다른 극장에 갔다. 당시 스카라였던가. 그곳에서 개봉한 초등학생 관람가 〈여타잔 궁갈라〉. 험한 정글에서 여자가 펄펄 나는 모습을 보고 싶었던 걸까.

교복 차림으로 책가방을 든 채 컴컴한 극장 뒷좌석에 앉아서 예고편을 보고 있었다. 웬 남자가 너희들 잠깐만 나와 봐, 하고 친구와 나를 불러냈다. 이른 시간이라 관객도 별로 없었다. 가슴이 철렁 내려앉았다. 극장 로비에 나온 나는 아무것도 보이지 않았다. 정신이 아득해지면서 이게 꿈인가 생시인가, 현실감조차 없었다. 모르는 선생님이 품행 단속을 나온 것이다. 돌이켜보면, 그때처럼 자존심 팽개친 적이 없다. 완전히 풀어진 자세로 바닥에 주저앉아 소리 내어 울었다.

그 일로 일주일 동안, 매일 학교에 와서 수업은 못 하고 교장실에서 반성문을 썼다. 그때 교장실 한쪽 벽면 꼭대기에 옆으로 긴 액자 하나가 걸려 있었다. 문정희라는 이름과 함께 시 제목이 「가야금」이었던 걸로 기억한다. 물끄러미 액자를 바라보는 나에게 교감 선생님은 학교 선배가 쓴 시라고 알려주었다. 어떻게 여고생이 저런 글을 쓰는지 경이로움으로 시를 읽고 또 읽었다. 지금도 그 시의 첫 구절을 기억한다.

학교에서 근신이 끝나고 들어간 첫 수업이 선생님의 영어 시간이었다. 수업 도중에 들어온 나를 아이들은 힐끔거리며 보았는데, 선생님은 영어책을 읽다 말고 내 곁으로 와서 아주 작은 목소리로 "아, 너 왔구나." 하였다. 그 소리는 괜찮아, 하는 것 같아 조금은 나를 안심시켰다.

왜 진작 생각하지 못했을까. 시인이니까 찾을지도 모른다. 구글 창에 '시인'이라는 단어와 함께 선생님 이름을 입력했다. 있다. 반가운 마음에 가슴이 다 두근거렸다. 그러나 순수의 시대는 지나갔다. 내가 유일하게 마음에 두었던 고등학교 시절의 선생님. 그렇다고 이성적인 마음은 전혀 없었다. 그냥 다른 선생님들과는 달랐다. 공부만을 강요하지 않으며 누구에게나 편견 없이 대했다. 선생님이 언제 우리 학교에 부임했다가 언제 떠났는지도 모른다.

거의 모르던 선생님에 대해 알게 되었다. 선생님은 나를 기억조차 못하겠지만, 그래도 소식 한번 전하고 싶었는데 세월은 기다려주지 않았다. 선생님은 이미 이 세상에 없다. 1957년 스물두 살의 젊은 나이에 동아일보와 조선일보 신춘문예로 등단하고, 나중에 대학교수로 재직하며 번역서도 냈다는 사실을 알게 되었다.

잔잔한 물결 같던 선생님이 쓴 시를 이제야 읽게 되다니. 선생님의 시를 읽으려니 가슴이 뭉클해졌다. 까맣게 잊힌 게 아니다. 결코 나는 선생님을 잊지 않았다. 누구나 한때는 문학 소녀가 되기도 하지만, 그때 내가 문학을 했더라면 어땠을까 하는 생각을 해본다. 꿈은 많았지만 왜 그리 주눅 들어 살았는지 모르겠다. 선생님은 공부에 지친 우리의 메마른 마음을 문학으로 순화시켰다.

   창밖을 보며 시를 읊던 선생님. 그 창을 사이에 두고 세월이 흐르고 사람이 흐르고 시도 문학도 흘렀다.

신순희 | 『월간문학』수필 등단(2015년). 수상 : 뿌리문학상(2010년). 재미수필문학가협회, 서북미문인협회 회원. 미국 워싱턴주 시애틀 거주. E-mail : shsh644@hotmail.com

고향 같은

박정숙

아침 창가에서였다. 어디선가 은은한 뻐꾸기 소리가 들렸다. 아파트에서 듣는 새소리. 발코니 창을 열었을 때 아침 공기와 함께 새소리가 밀물처럼 거실 안으로 밀려 들어왔다. 뻐꾸기 소리를 들은 날은 하루 종일 마음이 울렁거린다. 그건 아마도 어린 시절의 반복된 기억 때문인 것 같다.

숲의 색깔이 연두에서 초록으로 짙어갈 즈음이면 숲에서 뻐꾸기 소리가 들리곤 했다. 이른 아침 뻐꾸기 소리에 잠이 깨고, 그 소리를 들으며 부모님을 따라 밭으로 갔던 기억이 난다. 새의 생김새도 노래 소리도, 이름도 모두 다르지만 나는 유독 뻐꾸기 소리에 민감해졌다.

목성균 선생님의 글에 보면, "어느새 입하(立夏), 모충동 뒷산에 뻐꾸기가 와서 운다. 작년에 앞 동 아파트 피뢰침에 앉아서 울던 그 뻐꾸기일까. 저 뻐꾸기는 깊고 넓은 숲을 놔두고 하필이면 이 볼 것 없는 도시공원의 숲에 와서 한 철을 나는 것인지 알 수 없다."고 했지만 내게 뻐꾸기의 울음은 산울림 같은 여운이 있어서 마음에 차곡차곡 담겨지곤 했다.

나는 목성균 선생님의 글을 좋아한다. 그래서 내 인생에 빼놓을 수 없는 두 권의 책 중 한 권이 목성균 선생님의 『누비처네』이다. 그 책을 읽었을 때 그가 이룩한 삶의 돈돈함 속에 흠뻑 빠지고 말았다. 소설의 한 장면 같기도 하고, 언젠가 한번 만난 것 같은 그 느낌, 어디서 많이 들어본 낯익은 말투, 너무도 익숙한 웃음과 목소리를 보았다.

조용히 귀 기울여 열매가 풀잎을 스치며 떨어지는 소리를 듣고, 미처 어둡기도 전부터 울어대는 풀벌레 소리를 들으며 그는 조신하게 저문 산골짜기에 혼자 서서 자연을 글로 옮겼나보다. 환하게 빛나고 아름답지만 호화롭거나 떠들썩하지 않았다. 정서의 고갈로 사회는 더욱 각박해지는데, 그는 서정적인 정서 안에서 끊임없이 나를 불러 세워 말을 걸어오곤 해 좋아하는 책이다.

그리고 또 한 권, 거실의 책장 로얄석에는 로라 잉걸스 와일더의 『초원의 집』 시리즈가 있다. 시도 때도 없이 본 탓인지 손때가 묻어있다. 그때 그 시절의 추억만큼 세월의 먼지도 살포시 내려앉았다. 잠이 오지 않는 밤이나 유난히 소란스러운 하루를 보내고 온 날은 어김없이 책을 뽑아든다. 처음부터 볼 때도 있지만, 보통은 그냥 펼쳐진 장을 읽거나, 그림을 본다. 소란스러움을 내모는 순간이다.

시대는 남북 전쟁이 끝난 지 얼마 지나지 않은 때로, 서부 개척이 한창 진행되던 무렵이다. 우리나라로 치면 고종 임금이 다스리던 조선 말기에 해당한다. 그 고난에 찬 시절, 모든 것을 자급자족해야 했던 개척지에서 벌어지는 일상의 갖가지 모습들이 어린 로라의 순수한 눈을 통해 아기자기하게 그려진다.

텔레비전 드라마로 보던 〈초원의집〉, 일요일만 되면 목을 빼고 기다렸다. 나는 그때 드라마 화면에서 보았던 미국 위스콘신 주의 큰 숲 속에 쏙 빠졌다. 미지의 세계를 더듬는 기분이 나를 압도했고, 로라가 고향을 떠나는 날은 그날의 혹독한 추위만큼이나 내 가슴도 슬픔으로 얼어붙었다. 마치 내가 어쩔 수 없는 이유로 고향을 떠나야 할 때의 모습을 보는 것 같았다.

두 권의 책을 보면 문득문득 고향이 떠오른다. 고향을 떠난 지 30년. 주변이 소란스러울 때 고향에 가면 마음이 차분해진다. 빈 잔이 조금씩 채워지듯 허기진 삶이 채워지는 것을 느낀다. 그런 것처럼 두 권의 책은 정겨운 고향 같아 수시로 읽는다.

박정숙 | 『월간문학』 수필 등단(2016년). 경북 청송 출생. 한국문인협회, 대표에세이문학회, 에세이울산 회원. 울산 산업문화축제 문학상. 저서 : 수필집 『뜸』. E-mail : mesuk66@hanmail.net

지긋지긋, 흥미진진

최 종

오랜 기억 속에 두 권의 책이 있다. 하나는 생각만 해도 지긋지긋했고, 다른 하나는 한번 읽기 시작하면 끝까지 한눈팔 수 없도록 흥미진진했다.

『명심보감』처럼 읽기 싫은 책은 없었다. 할아버지는 나에게 저녁이면 어려운 한자투성이의 『명심보감』을 펼치도록 했다. 하루 한 면씩 공부했다. 글자를 익히는 것만이 아니었다. 초등 6학년 때 문장을 외워야 하는 것은 지긋지긋한 일이었다.

앉은 자세에서 몸을 앞뒤로 흔들면서 책을 읽으면 할아버지는 눈을 가느다랗게 뜨고 내 목소리를 일일이 귀담아듣고 있었다. 행여 잘못 읽거나 글을 한 줄이라도 건너뛰면 당신은 긴 담뱃대로 무쇠화로를 탕탕 때렸다. 어떻게 약은 꾀를 쓰며 대강 넘어갈 수도 없었다.

착하게 살고 부모에게 효도하며 분수를 지키고 말을 삼가며, 세상 이치가 어떻고 등등 어느 것 하나 재미가 솔솔 나는 이야기는 없었다.

대나무 숲을 지나온 바람이 우웅우웅 짐승처럼 소리를 내며 창문을 흔들면 정물 같던 등잔불은 부르르 떨었다. 책 읽는 목소리는 입안에서 조금씩 잦아들고 앉은 자세마저 느른하여져 갈 때쯤 할아버지는 "그만 자거라." 나를 놓아주었다.

소년시절 잠이 많던 나를 할아버지는 아침 일찍 흔들며 깨웠다. 눈을 비비면서 짜증을 내면, 엊그제 제일계신진(第一戒晨嗔, 새벽에 화를 내지 말라) 배우지 않았느냐고 다그쳤다. 스스로에게 화를 삼킬 수밖에 없도록 한 『명심보감』이 생각할수록 싫었다.

내 인생의 책 두 권이라는 주제로 원고를 써야 한다. 책을 말하니 바로 『명심보감』이 생각났다. 책 제목부터 재미와는 거리가 멀게 뵌다. 마음을 밝게 하는 보물 같은 거울이라는 뜻의 명심보감은, 명나라 범립본(范立本)이라는 학자가 경전과 제자백가, 문집 등에서 뽑은 200여 개의 명언으로 엮은 책이다. 고려 충렬왕 때 추적(秋適)이 그 중 진수만을 골라 『명심보감』 초략본을 편찬했다.

인터넷 서점에서 양평 친구에게 보낼 이성복의 시론집 한 권과 『명심보감』을 주문했다. 사흘이 지나도 책이 오지 않았다. 양평 친구가 문자를 보내왔다. 책 잘 받았다고 하면서 마음을 잘 다스리도록 노력하겠단다. '마음을 다스린다?' 무슨 말일까. 알고보니『명심보감』이 친구에게 배달되었다. 시론집을 보내면서 받을 사람 주소를 변경하지 않고 그대로『명심보감』을 주문해버린 것이었다.

초등학교 시절부터『명심보감』은 나를 귀찮게 굴며 욕보이는 물건이었는데, 이 나이 되어서도 내 입장을 난처하게 하는 재주를 부리고 있었다. 스스럼없는 친구지만 되도록 예의를 지키려 했었는데, 그에게 실수를 하고 만 것은 아닌지 신경이 쓰였다. 그는 '내게 왜 이런 책을 보냈지?' 생각하면서 문자를 보낸 것만 같았다.

『진주탑』은 소설을 읽는 재미를 알게 해준 책이었다. 고등학교 시절 수업 시간이었다. 선생님은 칠판 앞에서 걸걸한 목소리를 계속 높여갔고, 나는 책상 아래 책을 두고 열심히 읽고 있었다. 언제부터인가 선생님의 음성이 들리지 않은 것 같았다. 고개를 드는 순간, 누가 내 뒤통수를 세차게 후려쳤다. 깜짝 놀라 뒤를 돌아보니 선생님의 성난 얼굴이 커다랗게 다가왔다.

그날 30센티 잣대로 손바닥이 얼얼할 정도로 맞았다. 맞을 때는『진주탑』을 잠깐 잊었다. 선생님의 수업이 끝날 때까지 교실 끝에서 손을 들고 서있을 때도『진주탑』을 생각했다. 수업이 끝나자마자 얼른 내 자리에 돌아와 책을 읽었고, 그날 밤을 새워 다 읽고 말았다. 침이 꼴깍 넘어가고 몸이 으스스 해지는 긴장과 재미로 온몸이 흥분된 듯했다.

『진주탑』은 알렉산드르 뒤마가 1845년에 지은 소설 『몬테크리스토 백작』을 3·1 독립운동 직전의 조선을 배경으로 하여 김래성이 번안한 것이다.

상선의 선장이 된 청년은 아름다운 약혼자와 결혼하기로 한다. 그가 선장이 된 것을 시기하는 사람과 그 약혼자를 짝사랑하는 사람이 공모하여 그를 모함한다. 사건을 담당한 검사는 자신의 출세를 위해 그가 무고하다는 사실을 알면서도 그에게 14년 동안이나 억울한 옥살이를 하도록 만든다.

청년은 감방에서 우월대사를 만나 자신이 누명을 쓰게 된 정황을 알게 되고, 그로부터 다양한 학문과 지식을 배워 교양을 갖춘 지성인이 된다. 진주도에 묻혀있는 보물에 관한 정보도 얻는다. 우월대사가 사망하자 시신을 바꿔치기하여 감옥에서 탈출, 막대한 진주도의 보물을 획득하고 스스로 백진주 선생이 된다. 치밀하게 계획을 세워 은인에게는 보답을, 원수에게는 철저한 응징을 시작한다. 원수들은 하나하나 자살하거나 미치거나 파산하여 거지가 되도록 하는 것이다. 감옥에서 배운 여러 가지 지식을 폭넓게 활용하며 통쾌하게 복수하는 과정은 책에서 눈을 뗄 수 없을 만큼 흥미진진했다.

『진주탑』이 준 가르침은 소설이란 재미가 있어야 한다는 것이었다.

최 종

책에 빠지도록 하는 것은 흥미이며 그것이 나에게는 감동이었다. 한 없이 이야기에 이끌리도록 하는 재미, 그 감동은 문학의 길에 대한 막연한 동경을 가져다주는 것이기도 했다. 최고의 흥행을 기록하는 영화를 보면서도 별 흥미를 느끼지 못하는 경우가 있다. 긴 시간동안 끝까지 집중하기 싫었기 때문이다. 집중되지 않는다는 것은 재미가 덜하다는 뜻이다.

『진주탑』을 읽으면서 느꼈던 짜릿한 감동을 다시 맛보고 싶다. 책을 읽으면 사그라져 버린 기억 저편의 학창 시절도 함께 나타날지 모른다. 지금 읽어도 한 치의 틈도 없이 긴박하게 돌아가는 보은과 복수의 과정은 넉넉한 재미와 감동을 안겨줄 것이다.

최 종 | 『월간문학』 수필 등단(2016년). 한국문인협회, 대표에세이문학회 회원. 저서 : 공저 『섬 여행, 쉼표와 느낌표 사이』 『나에게로 온 날들』 『나는 □ 이다』 외. 수필집 『깨갱』. E-mail : cteng31@hanmail.net

내 마음에 흐르는 샘물

김순남

직장을 그만두고 고향집으로 내려가야 했다. 어머니는 딸만 내리 낳으시다 그렇게도 염원하던 아들을 마흔둘에 나으셨다. 건넛마을, 윗동네는 물론, 면소재지까지 어머니의 득남 소식은 전해졌다. 가문에 대를 이을 오매불망 귀한 아들을 낳았어도 일손을 놓고 아이만 키울 수는 없는 형편이었다. 고모 두 분과 첫째 작은아버지는 결혼하셔서 분가를 했지만, 조부님이 계셨고 아직 결혼 전인 삼촌 둘과 이제 막 태어난 갓난아이까지 우리 칠 남매는 부모님 어깨에 무거운 짐이었다. 조부모님과 부모님께서 고심 끝에 맏딸인 내게 막내 동생을 돌보라는 의견을 따를 수밖에 없었다.

산촌의 여름밤은 더욱 짧게 느껴졌다. 21살 터울이지는 남동생 이유식을 만들어 먹이고 안아서 재우고 살림을 돌봐야 했다. 부모님은 아침 일찍 논밭에 나가 일을 하셨고 저녁을 먹고 나서도 일과는 끝나지 않았다. 고추 농사를 많이 짓다보니 빨갛게 익은 고추를 따서 말린 다음 상인에게 넘기기 까지는 끝없는 손길을 요구했다. 낮에는 고추를 따고 밤에는 전등 아래 온 가족이 둘러앉아 건조실이나 햇볕에 말린 고추를 하나하나 손으로 감별해, 마른 고추를 골라내고 덜 마른 고추는 다음날 햇볕에 다시 말려야했다. 밤하늘엔 별빛이 총총하고 개구리 울음소리가 정적을 깨는 밤 시간은 빠르게 흘렀다.

도시 생활이 어느새 몸에 배인 것일까. 친구들은 모두 도회지에 나가 있으므로 누구와 소통을 할 상대도 없는 생활이 답답했다. 농촌에서 농부의 딸로 태어나고 자랐지만 객지에서 공부하고 직장 다니던 힘겹고 팍팍하던 삶조차도 그립고 시골 생활이 적응이 안 되었다. 멀리 있는 친구들에게 편지 쓰고 답장 기다리는 시간이 바깥 세상과의 소통이었으며 틈틈이 조금씩 독서를 하는 것이 유일한 즐거움이었다.

잠시 서울에 다녀올 때였다. 고속버스 터미널 신문 가판대 옆에서 잡지 한 권을 샀다. 전에도 종종 구입해 읽었던 『샘터』였다. '평범한 사람들의 행복을 위한 교양지'라는 문구가 참으로 마음을 끌어당겼다. 잡지 이름처럼 목마른 사람이 깊은 산골 어느 골짜기에서 만난 맑고 시원한 샘물을 마시는 듯 했다. 한 손에 쏙들어오는 두껍지 않은 책이지만 당시 내게는 메마른 마음을 촉촉하게 적셔주었으며 넓은 세상으로 이끌어 주었다. 『샘터』에서 최인호 작가의 「가족」이라는 소설을, 정채봉 작가의 동화, 법정 스님, 피천득 선생의 수필을 선물 받았다. 가까이 서점도 없었으며 두꺼운 소설책은 아기를 돌보며 읽기에는 무리였지만 『샘터』잡지는 잠시, 잠시 읽기에 안성 맞춤한 도서였다.

독자들이 투고한 생생한 글들은 또 얼마나 감동을 주었던가. 그때 읽은 수필 두 편은 지금도 생생하게 기억에 남아있다. 「내 집은 빨간 양철 집 일세」라는 제목으로 경기도 남부 어느 지역에 전원생활을 시작한 젊은 여성이 쓴 글이었다. 농촌의 일상을 목가적으로 그린 수필로 텃밭에 심은 채소나 옥수수, 강낭콩, 냇물에 놀고 있는 오리와 어미 닭이 병아리를 몰고 다니는 모습 등을 따뜻한 시선으로 한 눈에 보이듯이 묘사한 글이었디. 몇 번을 읽고 또 읽고 노트에 필사까지 했었다.

새롭게 보이기 시작했다. 반 억지로 붙들려 시골에 내려와 살고 있는 나와 달리 그녀는 너무나 대조적으로 세상을 보고 느끼며 농촌 생활을 하고 있는 듯했다. 먹이를 찾아 마당가 곳곳을 헤집고 다니는 밉기만 하던 우리집 암탉이, 집 앞에 넓은 고추밭이, 깎아지른 듯이 뾰족한 앞산과 마을 어귀만 나서면 펼쳐진 냇물이나 강물이 그녀의 수필 속 풍경처럼 되살아났다. 그때부터 내 마음으로 들어와 맑은 샘물 한 줄기가 되었다. 내 고향 집이, 그 강가 마을이 그렇게 아름다운 마을인지 알지 못했었다.

그 글에 감동을 받은 사람은 나뿐이 아니었다. 뜻밖에도 다음다음호에 「내 마음은 빨간 양철집에」라는 제목으로 이번에는 앞에 수필을 읽고 어느 남자 독자가 답글을 기고한 것이다. 생면부지의 친구라 칭하며 남과 여를 떠나 한 솥의 한 형제라 하며 앞에 수필을 찬사한 멋진 글이었다. 사십년이 지난 지금도 이렇게 기억에 남아 있는걸 보면 아마도 그 두 편의 글이 이후 나를 문학의 언저리를 맴돌게 했던 샘물의 발원지가 아니었을까싶다.

남동생을 돌봐준 2년이 그때는 힘들었지만 지금 생각해보면 참 잘한 일이라는 생각이 든다. 우매하게도 부모님께 이후에 그만한 효를 하지 못했기 때문이다. 결혼 후 두 아이 키우고 살림하는 주부로 살면서 나에 대한 시간과 물질을 투자하기란 쉽지 않았다. 좋아하던 문학 책도 멀어져있었다. 두 아들은 잘 자라 주었지만 나는 점점 작아지고 있었다. 사십대 중반을 넘기고서야 방송통신대학에서 공부를 시작하고 시와 수필을, 소설을 읽으며 참 가슴이 뛴다는 것을 새삼 느꼈다.

글을 쓰리라고는 꿈에도 생각 하지 못했었다. 두 아들 대학 다닐 때 타 지역에서 학원을 운영하게 되었는데 입시 학원이 늦은 밤까지 일을 해야 하고 오전 시간은 대체로 쉬는 시간이었다. 마지막 학기 시험 준비로 오전 시간을 도서관에서 보냈다. 그때 잠시 쉴 겸 우연히 집어든 『한국수필』 잡지를 읽으며 '나도 이렇게 글을 쓸 수 있을까' 그런 생각이 들었다. 나는 이미 지천명 고개를 넘어서 너무 늦은 출발은 아닐까. 용기가 나지 않았지만 더 이상 외면할 수도 없었다.

수많은 명작 소설을 읽으며 감동을 받고 울고 웃었다. 소설 속 주인공의 마음에 이입되어 책을 다 읽고도 많은 날들을 가슴앓이를 할 때도 있었다. 마음에 큰 울림을 주는 문장들은 또 얼마나 많았던가. 문학 작품들은 더없이 소중한 나의 자양분이 되었다. 20대 힘든 시기를 잘 견디게 해준 『샘터』가 내게 문학의 샘물이 되었다면 『한국수필』 잡지는 나를 수필의 길로 이끌어준 마중물 역할을 했지 싶다. 내 마음에 샘물이 되어준 오래전 읽은 글 한편처럼 누군가에게 위로가 되는 청량한 샘물 같은 글 한편 짓는다면 더 바랄 일이 없으리.

김순남 |『월간문학』수필 등단(2016년). 한국문인협회, 대표에세이문학회, 목우문학회, 제천문인협회 회원. 수상 : 소월백일장 준 장원, 경북문화체험 수필대전 장려상, 충북여성문학상. 저서 : 공저『섬 여행, 쉼표와 느낌표 사이』『나에게로 온 날들』『나는 □이다』외. E-mail : ksn8404@hanmail.net

인생 모델과 그때 그 시절

조명숙

 단숨에 읽어 내려갔다. 책장을 넘길 때 마다 진솔하게 풀어 놓은 것들이 절절하게 가슴에 와닿았다. 읽으면 읽을수록 내 삶과 닮아 중간에 덮을 수 없었다. 그것은 디아스포라 작가 문영숙의 『늦게 핀 꽃이 더 아름답다』라는 책이다.

 이 책은 자전적 에세이다. 결혼 이후의 삶, 「후반전, 도전의 시작」부터 이야기가 시작되는데, "여자는 절대 밤엔 밖에 나가면 안 된다. 시부모와 남편, 아이들 밥 때는 꼭 집에서 챙겨야 한다. 혹 바깥에 나갈 일이 있으면 연락처를 분명히 적어 두어야 한다. 누구와 무슨 일로 만나는지 반드시 밝히고 적어두어야 한다…." 작가 남편의 아내 사랑법이다. 하여 별칭이 18세기 황제다. 그런 남편과 남매를 뒷바라지하며 치매 앓는 시어머니를 7년간 보살핀 일화들이 적나라하게 펼쳐진다.

그 와중에 시와 수필로 등단한다.

32년 만의 도전이다. 중학교 과정을 끝으로 학업을 포기할 수밖에 없었던 학력 콤플렉스에서 벗어나기 위해 진학을 실현한다. 가족들 모르게 공부하여 대입 검정고시 합격, 방송통신대 국문학과에 입학한다. 학기말 시험 직전에 친정 엄마가 위독하다는 소식을 듣게 되고, 시험이 끝날 때까지만 기다려 달라고 소원하는데, 원이 이루어진 것일까! 소아마비로 다리를 절며 한 손으로 평생을 살아야 했던 96세 친정 엄마의 임종을 지키게 된다. 친정 엄마를 향한 회한의 눈물과 고해성사. 기혼 여성이라면 눈물 없이는 읽지 못한다. 「엄마 안녕」 이후 창작에 매진, 『독립 운동가 최재형』, 『안중근의 마지막 유언』 등을 펴냈다. 지금은 '독립운동가 최재형 기념사업회' 이사장으로 봉사하며 강연을 통해 최재형 선생과 안중근 의사의 독립 투쟁을 알리고 있다.

나도 결혼 이후 도전하는 삶을 살았다. 맏며느리지만 신혼에 남편 직장을 따라 분가했다. 향후 남편의 형제자매가 다 결혼하고 합가하게 되었다. 이십여 년을 따로 살다가 시집살이를 하게 되어 힘들었다. 헌데 부모 모시는 것보다 더 힘겨웠던 것은 남편의 한량 기질이었다. 본가는 남편이 나고 자란 지방 도시였다. 때문에 학연, 지연, 친구의 친구가 많았다. 남편은 지인들의 유혹을 뿌리치지 못하고 향락에 빠져 헤어나지 못했다. 그로 인해 내 삶은 세찬 바람이 불고 거센 눈보라가 휘몰아쳤다. 지인이 없었던 나는 하소연하듯 글을 쓰며 마음을 달랬다.

나를 찾아 나섰다. 글쓰기는 갈망하던 대학에 도전하게 했고 무난히 졸업했다. 대학을 졸업하자 자신을 얻어 문학에 입문했다. 글쓰기도 잠시, 우환이 찾아왔다. 거실에서 넘어진 어머니가 고관절 골절로 자리에 눕게 되었다. 만사 제치고 누워계신 어머니 구완에 매달렸다. 어머니를 수발하며 내 품에서 고이 잠드시길 간절히 바랐다. 원이 이루어진 것일까. 내가 종신하는 가운데 눈을 감으셨다. 어머니를 보내 드리고 나니, 시집살이가 십 년 넘게 흐르고 있었다. 부모님이 다 돌아가셨으니 시집살이의 굴레에서 벗어났고 늘 남의 편이던 남편은 내 편이 되었다. 마음에 평화가 찾아왔다.

『늦게 핀 꽃이 더 아름답다』는 어떤 역경 속에서도 학업을 성취하고 꿈꿔 온 문학을 이루었기에 아름다운 것이다. 불굴의 의지로 인생역전 다큐멘터리다. 마지막으로 작가가 이 책을 쓴 이유는 "나와 같은 시대를 살면서 추억을 공유한 분들에게는 위로가 되고, 새로운 꿈을 향해 도전하는 분들에게는 용기가 되길 바란다."고 했다. 늦깎이 작가인 내겐 감동이며 귀감이다.

내 후반전도 지금만 같았으면 좋겠다. 나만의 보폭으로 흔들림 없이 순리대로 살고 싶다. 다만 바람이 있다면 세파(世波)에 밀려가는 사람들에게 내 글이 작은 힘이라도 되었으면 좋겠다. 그들이 희망을 가지고 꿈을 이뤄 나갈 수 있도록 격려와 응원을 아끼지 않는 글을 쓰고 싶다. 그런 글을 쓰기 위해 이제부터 도전이다.

마지막 책장을 덮으니 창문이 부윰하다. 『늦게 핀 꽃이 더 아름답다』의 작가가 육십 후반, 내가 육십 초반이다. 나에게 이보다 더 좋은 삶의 지침서는 없을 것이다. 아니 더 훌륭한 모델은 없다. 늘 내일은 처음 가는 길. 지난날을 감히 이 작가와 비교할 수는 없겠지만 선배가 걸어간 길을 좇아간다면 그건 축복이다. 이런 생각에 잠겨있자니 한 줄기 서광이 섶으로 안긴다. 태양이 떠오르는 모양이다.

집안에서 무료하게 서성일 때 책이 배달되었다. 김윤희 작가의 『사라져가는 한국의 서정』 7080 그때 그 시절 영상 에세이다. 거기 내 어린 시절이 있었다. 우물가 빨래터, 초가지붕, 토담도 보인다. 흑백 사진, 빛바랜 사진 옆에 시와 수필이 있다. 시상이 흐르고 일일이 그때의 상황을 일러준다.

눈꽃이 핀 미루나무 길을 간다. 엄마 치마꼬리를 붙잡고 가는 나를 외할머니가 마중 나왔다. 할머니 손을 잡고 방에 드니, 화롯불에 담북장이 끓고 있다. 아무렇게나 썰어 넣은 무에 어떤 것도 가미하지 않았지만 맛은 신비다. 밥 한 그릇을 비워내고 할머니 무릎에서 잠든다. 논바닥 얼음판, 마을 아이들이 서울에서 왔다며 나를 썰매에 태우고 끌어준다. 비실비실 돌던 팽이가 용케 살아났다. 신기하게 바라보자 너도 한번 쳐보라며 팽이채를 건네주던 아이들. 그 겨울은 따뜻했다.

녹음이 짙은 미루나무 길을 간다. 샘물에 타주던 외할머니의 보리 미숫가루는 왜 그리 맛있고 시원했을까. 개울가에서 물장구치는 모습을 지켜보던 내가 아이들 손에 이끌려 결국 개울물로 들어갔다. 벼 이삭을 헤치며 메뚜기를 잡던 아이들이 건네준 누런 양은 주전자. 주전자 속에서 메뚜기 부딪는 소리에, 내 가슴은 뛰었지. 급기야 주전자 뚜껑이 열리고, 아이들은 달아나는 메뚜기를 잡으려 달음박질쳤다. 그 모습을 보며 파리하게 논둑에 서있는 나. 그때 여름은 그렇게 갔다.

이제껏 꺼내 보지 못했던 유년의 그리움이다. 추억은 언제나 아름다운 것. 그때 그 시절이 마냥 즐겁다.

미래의 인생 모델을 만나고 지난 날 추억에 잠긴 지금이 행복하다.

조명숙 | 『월간문학』 수필 등단(2017). 한국문인협회, 대표에세이 문학회 회원. 수상 : 2009 다문화 가족 활동가 수기 공모 대상, 2015년 괴산문학 전국 백일장 입상. E-mail : moungoky@daum.net

미완未完의 숲

백선욱

"무엇이든 '우연히' 발견되고, '우연히' 시작되는 것은 없다. 사람이 무언가 간절히 원하는 것이 있다면 그것은 이루어진다. 우리를 둘러싼 모든 것이 나를 얽매어 오더라도, 자신의 내면에 귀 기울이고 집중해야 한다. 우리들 마음속에는 모든 것을 알고 모든 것을 원하고, 우리들 자신보다 더 잘 해내는 누군가가 들어있다는 사실을 인식해야 한다."

― 헤르만 헤세 『데미안』 중에서

폭우다. 밤에만 기습적으로 내리던 비가 이제는 밤낮을 가리지 않는다. 여기저기 수해 상황에 대한 보도가 온 매체에 가득하다. 장맛비에 태풍까지 뒤섞여 32층 유리창을 흔들고 있다. 바람 소리를 들으며 커피를 끓인다. 눅눅한 마음이 조금 풀릴까 하여 커피잔을 들고 서재를 서성인다. 사놓고 아직 읽지 않은 책들, 언제부터 꽂혀 있었는지 책

이름이 낯선 것도 보인다. 그러다 『데미안』이 눈에 들어왔다. 몇 년 전 헤르만 헤세 탄생 140주년 기념 초판본이라 해서 설레는 마음으로 구입하고는 까맣게 잊고 있었다. 이미 젊은 시절에 읽었던 책이라 새로 식구가 된 책들에 순위가 밀려 있었나 보다. 『데미안』, 어쩌면 『데미안』을 읽었던 40여 년 전 당시의 기억이 떠오를까 무의식적으로 외면했는지도 모르겠다.

책을 좋아하던 소년기, 누이 책상 위에 놓여있던 『데미안』은 내가 읽었던 다른 책들과는 사뭇 달랐다. 스멀스멀 가슴으로 들어와 자리 잡는 낯설고 강렬한 단어들. 알 수 없는 신비와 동경, 그리고 열망을 자아내는 문장들로 정신이 아득해지곤 했다. 그다지 어른 세계에 호기심이 없었음에도 아브락사스로 각인되는 『데미안』은 나의 사춘기를 뒤흔들어 놓았다. 마력이었다.

누구나 행복한 시절의 기억이 있을 것이다. 아니라면 행복한 순간의 기억 정도는 있으리라 생각한다. 사실 행복이라는 각진 표현은 어울리지 않지만, 데미안이 가슴을 지배하던 시절의 나는, 지나온 어떤 때보다 따뜻하고 편안한 공기 안에 있었다. 모범생이던 나에게 집과 학교는 견고하지만 안온한 공간이었다. 아직은 '상실'이라는 고통스러운 경험을 하지 않았기에 광풍과도 같은 사춘기의 고뇌는 책 안의 이야기일 따름이었다. 하지만 그 시기를 생각하면 마냥 좋지만은 않다. 바로 맞닿아 찾아온 불행의 그림자 때문이다. 항상 부드럽고 듬직한 아버지는 사업 실패로 건강과 표정을 잃었고, 지혜롭고 자상한 큰누이가 의료 사고로 생명을 잃었다. 집에 빨간색 딱지가 붙으면서 우리 가정은 추스를 새도 없이 빠른 속도로 무너지기 시작했다. 추락의 공포, 나로서는 감당할 수 없는 세계에 갇혀 버린 것 같았다. 비상구 없는 절박함, 그렇게 내 사춘기의 마지막은 혼란스럽게 지나갔다.

『데미안』을 처음 읽을 때 나는 에밀 싱클레어였다. 그 아이처럼 사랑과 인생의 가치를 학습하고 성장통을 앓으면서 어른이 될 줄 알았다. 하지만 밝음과 어둠으로 대별되는 두 세계 앞에서 나는 의지나 노력으로 맞서지 못했다. 나의 데미안도 숨죽여 바라보고만 있었던 것일까. 세월의 지나온 계단을 추억하며 중년의 나는 다시 에밀 싱클레어가 된다.

쏟아지던 폭우가 잠시 멈췄다. 공원을 조성하는 건너편 작은 언덕이 산뜻한 녹색으로 눈에 들어온다. 나무들은 웬만큼 자리 잡았고, 남은 진입로 공사가 한창이던 곳이다. 혹시나 했는데 다행히 비 피해는 없어 보인다. 계절이 바뀌면 시민의 휴식처로서 자리매김할 것이다. 부디 잘 견뎌주기를.

"우리의 깨달음은 결국 각자의 삶과 각자의 일 속에서 길어 올려야 할 것입니다. 그나마도 단 한 번의 깨달음으로 얻을 수 있다는 결연함도 버려야 할 것입니다. 모든 깨달음은 오늘의 깨달음 위에 다시 내일의 깨달음을 쌓아 감으로써 깨달음 그 자체를 부단히 높여 나가는 과정의 총체일 뿐이리라 믿습니다."

— 신영복 『더불어 숲』 중에서

신영복 교수의 문체는 겸손함과 따뜻함을 지녔다. 데미안을 다시 책장에 꽂고 신영복 교수의 기행문 『더불어 숲』을 꺼내 책을 펼친다. 이 책은 한 인간으로서 세상을 바라보고 공존과 평화의 의미를 생각하게 해준 책이다. 여행을 통해 과거와 미래의 중심에서 떠남과 만남의 의미를 부여하고 인생의 여정에 희망적 해법을 내놓는다. 스페인의 우알바 항구에서 시작되는 시공을 넘나드는 여행이 중국의 태산에서 멈출 때야 비로소 나도 숨을 고른다. 도시마다 이야기가 넘쳐난다. 한때 잠시나마 나 역시 그 도시의 물과 음식을 먹고 그곳의 사람들과 함께 했던 장소가 나올 때면 반갑기도 하고 길거리의 풍광과 떠다니는 냄새, 오가는 사람들 모습이 겹쳐 추억의 창고가 열리기도 한다. 그도 잠시 인간의 본질에 대한 묵직한 사색의 화두가 울리고 세상 속의 '나'라는 존재에 대하여 생각한다. 나의 생각은 어느새 신영복 교수가 길게 그어놓은 선을 따르고 있다.

창천불부고심인(蒼天不負苦心人)이란 말이 있다. 하늘은 스스로 돕는 자를 돕는다는 말이다. 내게 『데미안』이 어른이 되기 위한 참고서였다면, 『더불어 숲』은 인간이 되기 위한 지침서가 아닌가 한다. 아직도 알 수 없는 인생의 진리, 참된 가치의 삶이 의미하는 정체성은 무엇일까. 내면의 자아는 종교적 의미를 떠나 절대적인 존재의 영향력 속에 있으며, 성찰의 중심은 자신에 의해 완성되어 가는 것이겠지. 세상이라는 커다란 숲의 땅에 뿌리박은 한 그루 나무처럼 '우리'라는 사람들과 더불어 서서.

백선욱 |『월간문학』수필 등단(2017년). 한국문인협회, 대표에세이문학회, 문학동인 글풀 회원.
E-mail : sunwuk143@hanmail.net

야한 상상의 시선

이재천

스물네 살 여인이다. 복받친 감정을 어떤 말과 행동으로도 풀 수 없었다. 주체하지 못하는 눈물을 보면서 마음이 저려왔다. 벌겋게 충혈 된 눈을 손으로 가리면서 "저어, 괜찮아요, 신경 쓰지 않아도 돼요….." 떨리는 말소리와 함께 나가는 작은 체구 여인의 뒷모습을 보면서, 옹이들이 불거져 올라와 쿡쿡 찔러온다. 뒷자리 빈 의자에 남긴 감정 꼬리까지 칭칭 감겨 와 가슴을 조여 온다. 그렇게 한참 대화들이 오갔지만 속 문고리는 단단하게 걸어 잠그고 있었나 보다. 화끈거리는 열기가 솟아나 얇아진 얼굴 피부가 더 핏빛처럼 붉어져 오른다. 침 튀기며 설득한 설명보다는 잘못된 판단으로 자괴감이 밀려온다. 왜 그런 주장과 논리를 펴서 바보짓을 한 건지. 좁은 사무실 공간을 왔다 갔다 안절부절 돌면서 장면을 되돌려 분석해 본다.

운명일까? 이십 년 전 그 분은 이런 상황을 예단한 것일까 자문해본다. 그는 운명은 없다 단언하며 아이처럼 '솔직함'에 빠져 있는 것, 즉 정직한 본능으로 이중적 위선과 죄의식을 제압할 수 있을 때 비로소 운명의 창조자가 될 수 있다고 한다. 그래서 야(野)함에 빠져 있는 운명이 행복하다고 역설한다. 나 역시 위선이나 허세로 처세하며 슬며시 묻어두거나 덮고 살아온 지난 세월을 결코 부인하지 않는다. 신이 아니기에 당당한 운명의 개척보다는 도덕 주의와 율법 주의에 이끌려 노예처럼 다녔는지도 모르겠다.

사람이 문제였다. 주인공의 살아온 과정과 이력이 더 문제였고 바라보는 이들의 색안경 눈금 잣대가 절대 금을 밟는 것조차 허용하지 않았다. 돌아간 사무실 소파 빈자리의 여운이 무겁게 감돌던 여자도 그랬다. 아직은 세속에 물들거나 야하지 않은 앳된 여인이었다. 그가 그토록 빠져들었던 긴 손톱을 가진 하얀 손과 짙은 화장을 한 얼굴이나 굽 높은 하이힐도 신지 않았다. 시종일관 굽힘 없는 단호한 판단력도 예외는 없었다. 가늘고 야한 발목을 부여잡은 건 바로 유명세를 겪은 이름 덕분이리라. 코로나19가 한참이던 여름날 청소년이 읽을 수 있는 도서 선정 위원회가 개최되었다. 추천받은 교양 및 양서들 목록이 빼곡하게 적혀있었다. 그중에 검은 활자 사이로 유난히도 붉은색 사인펜이 선명하게 그어진 두 선이 야한 충동을 도발시켰다. 바로 금서라고 낙인찍힌 목록이었다.

논리는 명료하였다. 절대로 이런 부류가 청소년에게 읽혀서는 안 된다는 확고한 신념이 강했다. 사회적 문제를 일으킨 작가의 책을 소화하기에 교육상 부적합하다는 것이 그들의 이유였다. 맞는 이야기다. Y대학 국문과 교수라는 신분으로 활동하면서 감히 생각할 수 없는 저질스러운 성적 어휘와 야한 내용으로 집필한 '가자 장미…, 나는 야한…' 등의 시집과 수필집이 그렇다. 이보다는 작가를 법정 구속하게 만들었던 '… 사라' 소설이 금기를 어긴 음란 문서로 인정되고 여론의 뭇매로 낙인찍혔던 전력이 문제였다. 줄거리 내용이 비윤리적 행동과 야한 표현으로 묘사되어 있다. 하나, 이 책들은 여전히 19금으로 청소년에게 불가하다는 의견에 주석을 달 사람은 별로 없을 것이다.

빨간 밑줄이다. '금기와 위반의 상상력'과 '시선'이 강요당하고 있었다. 작가의 사후인 2017년 이후에 출간된 비평집과 유고집이었다. 이 책들은 결코 불온서적이 아니다. 평론가와 비평가들이 재해석한 문학적 소견을 담은 책과 작가가 생전에 자유롭게 표현한 시 창작 선집이다. 외면 받던 금서 작가의 글이 죽고 나서야 재평가 받고 있는 것이다. 그의 신봉자는 아니지만 문학 박사로 평생을 논문과 창작 활동에 매진한 분은 분명하다. 1977년 현대문학지 시단에 등단한 이후, 1992년 '사라'가 그의 발목을 붙잡아 문단의 이단아와 미치광이로 취급받았다. 그의 전 생애를 걸쳐 쓴 오십여 권의 책들이 다 쓰레기일까? 글쟁이로서 위험한 상상을 했다고 감옥살이 죄가 되는 건지…. 자신만의 강한 색채를 드러냈다고 해서 모든 삶의 과정이나 창작물이 흑백 논리로 매도된다는 것이 더 야(野)한 형벌이 아니었을까?

그가 눈으로 보고자 한 것과 보지 않으려고 했던 것은 무엇이었을까? 후세의 작가들이 평하는 '본능의 솔직함과 자유로운 상상의 표현'이 기존 작가들의 문학적 교양과 틀에 대한 정면 진검승부로 불편한 심기를 건드렸는지도 모른다. 선악의 구분이 모호한 것처럼 난제를 던져주기는 한다. 사실 사회 첫발을 디딘 사춘기 소녀 같던 여자에게 무리한 갑질로 횡포부린 내가 더 문제일 것이다. 때 묻은 속물근성을 제어하지 못하고, 기녀린 여인을 위험이 우글거리는 상상 속으로 몰아붙인 죄가 그렇다.

문제가 있다. 오늘 한 시간 내내 그 여인을 설득하지 못한 나의 뇌구조다. 사서 담당자의 책임감이 금지선을 밟고 있는 불확실한 시대에 선뜻 승부수를 던지지는 않았을 것이다. 4년간 배운 학부 전공자의 매서운 눈이, 오히려 제2의 교주를 닮아가는 음흉한 추종자로 보지 않았을지 켕긴다. 그럼에도 1995년 출간된 『운명』이라는 저자의 책이 서가에 버젓이 진열되어 있었다. 또 고백할게 있으니 나 역시 '사라'를 만나거나 읽어보지도 못한 문외한인데 어불성설이다.

삼십 년의 세대 차이를 좁히지 못하고 앙금을 남기게 하였으니, 나는 야한 여자의 신봉자가 아닌 눈물에 약한 남자인 듯하다. 오히려 한 여자를 설득하고자 했던 위험한 상상보다는 최근 뉴스의 주인공으로 떠오른 '조○○' 박사방 추종자들이 금서 목록의 활자가 원인으로 작용했을까? 회의감도 든다. 하기는 철갑으로 무장한 기성세대가 야동 보는 젊은이들에게 솔직한 표현의 자유라고 왜곡하지 않나 자문해 본다. 결과야 어찌하든, 내가 추천한 책은 그렇게 속절없이 삭제되었다. 그 아픔보다는 며느리 같은 여자의 마음하나 헤아리지 못하는 맹하고 막힌 외통수 인지 구조가 하루를 반성하게 만든다.

이재천 | 『월간문학』 수필 등단(2018), 한국문인협회, 대표에세이문학회, 아람수필 회원. 저서 : 공저 『나에게로 온 날들』 『나는 □ 이다』 E-mail : chon411@naver.com

류시화에게 뜨겁게 호응하며

-류시화의 『새는 날아가면서 뒤돌아보지 않는다』를 읽고-

신삼숙

류시화! 그의 명성은 익히 들어 알고 있었지만 책은 한 번도 읽어보지 못했다. 심지어 그가 여성인지 남성인지조차 몰랐다. 이름만 듣고 막연히 여성이리라 생각했지만 남성이었다. 선생님이 주신 책 목록 중에 이름을 보고 선택했다. 어쩌면 그가 늘 궁금했는지도 모른다.

류시화는 시인이며 명상 서적 번역가이다. 인도를 방문하며 '잃어버린 나'를 찾아나가는 여행을 즐기는 시인이다. 젊었을 때 삶에 대해 몇 가지 질문을 던졌다고 한다. 진리와 깨달음에 대해, 행복에 대해, 인생의 의미에 대해, 그리고 '나는 누구인가?'에 대한 질문이다.

『새는 날아가면서 뒤돌아보지 않는다』는 51편의 산문으로 엮어져 있다. 서문에서 '나는 누구인가?'에 대한 질문에 삶이 평생 동안 답을 해주고 있다는 말이 공감이 되며 내 가슴 속도 시원하게 해준다. 내가 미처 깨닫지 못한 답을 그가 해주었기 때문이다.

그저 표현이 색다르다고 느꼈다. 우리네 삶과 빗대어 쓴 소재의 풍부함에 놀랐다. 그를 알아보기 위해 조사하면서 이해가 되긴 했지만 여전히 글 솜씨에 감탄할 뿐이다.

글 한편, 한편이 모두 '아! 그렇구나'를 연발하게 되지만 슬쩍 지루해지기 시작해 잠시 책읽기를 중단하기도 했다. 생각에 잠기는 글보다는 재미있는 글이 읽고 싶었다.

새로 시작한 독서는 몰입을 요구했다. 그는 글을 자세하고 이해하기 쉽게 쓰는 재주가 있다. 덕분에 내 삶으로 들어가 근원적인 문제와 답을 찾는 고민을 시작했다.

「새는 날아가면서 뒤돌아보지 않는다」에서 '뒤돌아보는 새는 죽은 새와 같다. 모든 과거는 좋은 일이든 나쁜 일이든 날개에 매단 돌과 같아서 지금 이순간의 여행을 방해한다.' 이 말은 나를 돌아보는 좋은 시간이었다.

화가 나있는 사람과 영적 스승의 일화는 깊숙이 나 자신에게 박혔다. 화가 나있는 사람에게 물병을 들고 있으라한다. 처음에는 물병이 무겁지 않다가 시간이 흐르면 흐를수록 무거워진다. '문제는 물병의 무게가 아니라 얼마나 오래 들고 있는가이다. 과거의 상처나 기억들을 내려놓아야 한다. 오래 들고 있을수록 그것들은 물병처럼 그 무게를 더 할 것이다.'라고 스승은 일러준다. 나는 힘들면 과거를 잘 떠올린다. 소용없는 일인지 알면서도 누군가를 탓하면서 자신을 괴롭힌다. 그리고 들어 줄 대상이 생기면 원망을 하면서 투덜거린다. 조금은 후련해지면서도 후회와 함께 부끄러워진다. 후회할 짓을 반복하는 것은 과거를 내려놓지 못했기 때문임을 알지만 아직 세월이 덜 흐른 까닭일까. '내려놓을수록 자유롭고, 자유로울수록 더 높이 날고, 높이 날수록 더 많이 본다.'를 행하기 위해서라도 새로이 마음을 가다듬어 봐야겠다.

「화가 나면 소리를 지르는 이유」에서는 목소리의 크기는 가슴과 가슴 사이의 거리에 비례하기에 멀어진 거리만큼 소리를 지르는 것이란다. 가만히 생각해보니 맞는 말이다. 화가 나면 물리적으로 거리가 가까워도 큰소리로 말하게 된다. 소리를 질러서라도 내 의사를 고집하고 싶어서이다. 서로에게 죽은 가슴이 되면 아무리 소리쳐도 전달되지 않음을 잊어버렸다.

「우리는 다 같다」는 류시화 시인이 배우 김혜자 씨와 네팔을 여행할 때 일이다. 카투만두 외곽 유적지에서 장신구를 팔고 있던 여인이 울고 있었다. 더욱 놀라운 일은 김혜자가 그녀 옆에 쪼그리고 앉아서 같이 울고 있었다. 카메라가 돌아가는 것도 아닌데. 인간 김혜자의 자발적인 공감의 눈물, 연민의 눈물이다. 네팔 여인은 김혜자의 눈물을 보며 웃음 섞인 울음으로 바뀌며 이내 밝은 미소를 지었다. 공감이 그녀를 웃게 했다. 헤어지면서 김혜자는 팔찌를 고른 후 300달러를 쥐어 주었다. 거금을 준 이유를 묻는 저자에게

"누구나 한 번쯤은 횡재하고 싶지 않겠어요? 인생은 누구에게나 힘들잖아요."

김혜자의 이 말은 나를 아주 작게 만들며 커다란 울림을 주었다. 타인의 아픔에 진실한 공감을 한 김혜자가 우뚝 서있는 나무 같았다. 나를 비롯해 모두가 편견에 젖어 그렇치 못할 때가 많다.

「퀘렌시아」, 여기서 말하는 퀘렌시아는 나만의 휴식처를 말한다. 나의 퀘렌시아를 갖는 일이 곧 나를 지키고 삶을 사랑하는 길이라고 작가는 말한다. 나의 퀘렌시아의 시간은 언제인가? 그 시간을 통해 힘을 받고 새로워지는 자신을 만날 것이다. 많이 만들어서 행복한 삶이 되도록 해야겠다.

「내 안에 비평가」에서는 작은 공동체 생활을 하면서 인도의 명상 센터에 있던 여성과 함께 살게 되었다. 그녀에게는 놀라운 비판 능력이 있었다. 그녀의 지적은 다 옳았지만 그 지적으로 인해 많은 사람이 수많은 '규칙'에 갇혀버렸다.

요즈음 나의 생활을 뒤돌아보게 하는 글이다. 뜻하지 않게 아들네와 같이 살고 있다. 처음 며칠간은 오랜만에 만난 사정이어서인지 그럭저럭 사이좋게 지냈다. 시간이 갈수록 눈에 거슬리는 게 많아진다. 서로의 생활 습관이나 생각이 틀려 일어나는 현상이다. 정리와 청소를

원하는 나와 늘어놓은 게 보이지 않는 그들과 조용히 전쟁을 치르고 있다. 참다하는 한마디와 행동에서 그들에게 내 규칙을 따를 것을 강요하고 있다. 서서히 불편해지는 관계가 형성되고 있음을 느낀다. '너는 온전하지 못하기 때문에 내가 바로 잡아야만 한다.'는 자세는 인간에 대한 가장 나쁜 예의라고 한다. 각자의 내면에 훌륭한 교사가 있음을 인정하지 않는 일이다. '내 생각이 옳다'를 바꾸는 일은 정말 쉽지 않다. 느리게라도 변하기를 희망해본다.

이 책의 글들은 한 장, 한 장 읽을 때마다 모두 마음에 와 닿는다. 한 번 읽고 지나칠 게 아니라 옆에 두고 틈 날 적마다 읽으면 좋은 휴식처가 되어주며 마음에 신선한 바람을 일으키는 책이다. 또한 인생의 의미를 깊이 생각해볼 수 있는 시간을 갖게 해주었다. 류시화의 생각에 뜨거운 호응을 보낸다.

신삼숙 | 『월간문학』수필 등단(2018년), 한국문인협회, 대표에세이 문학회, 강서문인협회 회원. 공저 『나는 □ 이다』외. E-mail : angella0303@naver.com

『누비처네』와 『긍정의 힘』

정석대

　　내 인생 속의 수많은 책 중에 단 두 권으로 제한해 놓고 감명을 말하라는 냉정한 과제에 많은 고민을 하였다. 마치 세상에서 가장 사랑하는 사람 두 명만을 선택하라는 것과 같았다. 감명이 없는 책은 없다. 특히 책을 발간한 해 본 이후로 모든 책을 대할 때마다 느껴온 저자가 기울였을 혼신의 힘을 생각하면 숙연해지기 때문이다.

　　그 제한 속에서 목성균의 수필『누비처네』(2010년, 연암서가)와 조엘 오스틴 목사의『긍정의 힘』(2005년, 두란노서원)을 선택했다. 전자는 나의 문학세계의 물꼬를 완전히 다른 방향으로 돌려놓았으며 나는 철저히 목성균을 닮으려 했다. 후자는 양서(良書)로 보다는 벼랑 끝에서 잡고 있던 생명줄 같은 책이었다.

　　『누비처네』는 내가 글깨나 쓰는 등단 문인입네 하고 뻐기고 다녔음이 얼마나 부끄러웠던가를 깨닫게 해 준 책이다. 학창 시절에 경이롭게 읽었던 호머의 문장들에 감동을 받고 부터 글 쓰는 흉내를 내기 시작했는데 그때의 그 감동을 다시 받았다면 너무 비약적일까? 이제까지 쓴 글들은 모두 허상이었다는 것을 단번에 깨달았다. 돌이켜 보면 보잘것없는 몇 줄의 글을 써 놓고 스스로 도취되어 자랑하기에 얼마나 바빴던가?

이 책을 대하는 순간 나는 글을 미화시키고 조합하는 기술자에 불과했다는 것을 시인해야했다. 나의 자만심들은 여지없이 무너졌다. 마술처럼 목성균의 서정 속으로 빨려 들어갔다. 상상력에 기초한 서정성이 철철 흘러넘치는 글을 본받으려 처음부터 필사를 결심했다.

추석을 쇠고 술병과 고기를 들고 아내는 누비처네에 아이를 업고 처갓집으로 근친을 가는 장면을 묘사한 부분은 압권이었다. 그의 삶에 흠뻑 빠져 들어갔다.

그리움을 툭 쳐서 꺼내 주는 마법 같은 책이었다. 사용하는 어휘들과 글 속의 정감 어린 분위기, 여유로우며 빈틈없는 구성까지 완벽했다. 문장마다 그려지는 익숙한 그림 같은 『누비처네』의 매력은 문외한인 나도 그림을 그릴 수 있게 하는 것 같았다. 마법에 홀린 듯이 이 수필을 몇 번이나 탐독했다. 내 글이 편협적으로 변하지나 않을까 걱정이 될 정도로 따라 쓰기 시작했다. 그를 닮으려 흉내 냈고 지금도 노력 중이다. 이 노력을 죽을 때까지 할지도 모른다. 그만큼 감동적인 책이었으며 나의 문학적 성향까지도 완전히 바꾸어 놓았음을 고백한다.

섬세하고 부드럽게 써간 『긍정의 힘』은 적극적인 에너지를 솟아오르게 하며 무한한 가능성으로 미래로 나아가게 하는 용기와 희망을 주는 책이었다. 외부 상황이 우리를 쓰러뜨릴 때 승리의 삶을 사는 비결은 마음에서부터 일어난다는 것을 깨닫게 해 주었다.

살다 보면 뜻하지 않는 일이 얼마나 많은가? 건강 검진에서 숨 막힐 듯 작고 컴컴한 실내 침대에 누워 배를 걷어 올리고 복부 초음파 검사를 받고 있을 때였다. 천장에 매달린 모니터에 종유석 같은 물체가 어른거리다가 검은 덩어리로 변한다. 놈은 나를 지긋이 쳐다본다. 겁이 덜컥 났다.

"뭐가 쪼끔 이상하네요." 의사는 지극히 사무적으로 말했지만 침이 마르고 혀가 오그라들었다. 카메라 플래시를 눈 가까이에서 맞은 것처럼 어디서 작은 점 하나가 핑그르르 돌다가 내 앞으로 다가와 갑자기 커지더니 펑 터진다. 그리고는 암흑이다. 꿈꾸듯 몽롱해진다. 이렇게 나는 젊은 나이에 암 환자가 되었다.

암을 겪어본 사람은 알겠지만 예후에 대한 삶의 공포는 때로는 상상할 수 없을 만큼 엄청나게 다가오기도 한다. 아프고 보니 인간은 상당히 박약하다는 것을 느꼈다. 대범하거나 담담하지 못한 성격이라서 그런지 몰라도 숨이 멎을 만큼의 공포의 전율을 느낄 때가 많았다.

어딘가에 의지할 곳이 있어야 했다. 그때 『긍정의 힘』이 다가왔다.

이 책은 내게 긍정적인 생각으로 아픔과 절망의 상황을 뚫고 힘과 용기를 얻게 해 주었다. 나는 방패처럼 이 책을 믿고 의지했다.

삼 개월마다 돌아오는 정기 검진은 지옥 같았다. 사형이냐 아니냐를 기다리는 죄수처럼 의사는 나의 생과 사를 판가름하는 판사였다. CT 촬영 후 한 주 동안 맘을 졸이면서 이 책을 읽으며 마음을 다스렸다. 수시로 찾아오는 죽음 같은 공포를 느낄 때면 얼른 그 책을 펼쳤다. 그것은 무기가 되었고 정서적으로 안정을 주었다.

책 속 긍정의 문장에 줄을 그어놓고 수시로 암송했다. 읽어 가면서 과거의 많은 상처들과 습관화된 생각의 틀, 그리고 지금 삶의 방식을 되돌아보면서 위로 받았다. 그 덕분에 십여 년이 지난 지금까지 건강을 지키며 산다.『긍정의 힘』은 내가 세상에 존재할 수 있는 힘이 되어준 책이라고 힘주어 말하고 싶다.

정석대 |『월간문학』수필 등단(2018년). 한국문인협회, 대표에세이문학회 회원. 수상 : 2014년 기록문학상, 2015년 좋은 생각 생활수필, 2015년 고모령효축제 수필 최우수상, 2015년 월간 한국인 창작콘테스트 은상, 2018년 전북인권수필 은상, 2019년 보훈콘텐츠, 충남 인권수필 입상. 저서 : 수필집『이바구』. E-mail : jungsukdae@hanmail.net

십자군 이야기와 정의란 무엇인가

송지연

시오노 나나미의 『십자군 이야기』는 방대하다. 서부 유럽에서 결성된 십자군이 중동 지방의 그리스도교 성지인 예루살렘을 정복하고 88년간 통치했던 역사의 발자취를 따라가며, 살라딘의 이슬람 군대에게 함락당하고 최후의 보루인 야코마저 잃게 되는 모습을 가감 없이 서술하였다. 하버드대 교수인 마이클 샌델은 『정의란 무엇인가』의 저술을 통해 어떤 사회가 정의로운지 알려면 복지, 자유, 미덕이 관건이라고 했다. 자유와 개인의 권리를 존중하는 것이 정의라는 말에는 십분 동감한다. 그러나 십자군을 결성할 때, 제후에 예속되어있던 거민들에게 과연 선택할 개인의 권리는 존중되었던가. 시대적인 정의가 존재했을까 의구심이 들었다.

동방에 건너와서 근 200년 동안 뿌리를 내리고 선전하던 십자군과 용맹한 기사단들의 면면이 스쳐 지나간다. 그러나 예루살렘으로 향하는 노정에서, 해안 도시를 훑고 지나가면서 원래 살고 있던 원주민을 몰살하고 도시의 기반 시설마저 철저히 파괴했다. 십자군의 본래의 목적을 상실한 약탈 행위는 정의로운가? 초기 십자군은 제러미 벤담의 공리주의 원칙을 그대로 수용하였다. 약자인 부족민들과 원주민들의 권리는 철저히 파괴되고 공동체 전체의 이익, 즉 십자군과 서부 유럽 제후들의 이익과 행복을 극대화시키는데 온 역량을 집중하였다.

존 스튜어트. 밀의 『자유론』에서 역설한 개인의 자유에 대해 중세시대에는 철저히 통제되었다. "내 독립은 권리이며 절대적인 것이다. 개인은 자신에 대한, 자신의 몸과 마음에 대한 주권을 갖는다."는 논리는 제후에 예속된 십자군의 기사와 병사 및 마부에게는 예외였다. 개인의 주권에 대해 주장할 명분조차 없는 엄혹한 시대였다. 11세기에는 봉건적인 주종 관계만이 팽배했다. 오로지 주군을 위해 자신의 생명을 버려야 한다는 일념뿐이었다. 남편을 중근동 지방으로 떠나보낸 기병과 병사의 아내와 자식들은 최소한의 먹을 권리조차 주장하지 못하고 가난한 일상을 영위한 것은 무엇으로 보상할 것인가? 근세기에 일본이 우리에게 무력 침탈에 대한 사과는 아직도 요원하다. 칸트의 『도덕 형이상학 기초』에서 공리주의를 비판하고, 강조한 인간의 존엄성은 현대의 보편적 인권 개념에 영향을 미쳤다고 하는 기본권마저 찬탈한 책임에서 일본은 결코 자유롭지 못하다.

1095년 로마교황 우르바누스 2세가 십자군 창설을 호소한 후 유럽 각국에서 제후들이 일어나 기병과 병사를 대동하고 중근동 지방으로 출발하였다. 작금처럼 나라가 뚜렷이 구분되어지지도 않은 혼란한 시기였다. 칸트가 주장한 "자율적으로 행동하는 능력 덕에 인간의 삶은 특별한 존엄성을 지닌다. 어떤 행동의 도덕적 가치는 그 행동을 유발한 동기에서 찾을 수 있다."에서 말하듯이 로마 교황의 의중을 간파하고 단순히 예루살렘이 예수의 탄생지라는 이유로, 종교적인 목적의 실효 지배 야욕을 기치로 삼아 올바른 가치 판단의 제고도 없이 단지 성지수복의 이유만으로 결성된 십자군이 옳다고 보는가? 이교도의 나라를 침탈하는 것은 과거에서 현재로 국가적 야욕이 여전히 현재 진행형임을 보여준다. 정의를 도외시한 왜곡된 서사에 불구하다.

이탈리아 해안 지방에 도시국가를 이루었던 베네치아, 피사 등은 해안을 무대로 유럽과 동방의 무역을 시도하여 막대한 부를 일궜다. 십자군이 중근동 지방을 점령하기 위해 출정할 때 병사들을 실어 나르기도 하며 자국의 번영과 경제적인 실리를 택했다. 일본이 6·25 전쟁을 기회로 삼아 막대한 부를 이룬 것과 오버랩 된다. 프리드먼의 『자본주의와 자유』에서 국가의 역할이라고 널리 알려진 많은 행위가 개인의 자유를 침해하는 위법 행위라고 주장했다. 서방의 제후들에게 예속된 거민들의 삶을 보면 개인의 자유는 철저히 배제된 채, 기본적인 삶의 유지에만 급급했다. 노예처럼 성채 건설에 동원되고 경작에 애쓰며 유사시 전쟁에 차출되는 것을 숙명으로 여겼다. 중동 지방으로 여행갈 기회가 오면 십자군 이야기에서 느낀 전쟁의 처절한 기록이나 진한 감동과 잔혹한 시대적 진실 등과 마주하고 싶다.

십자군은 '신의 이름으로'라는 이유로 성지 수복의 필요성을 절감하고 오랜 숙원을 이루기 위한다는 미명(美名)아래 동방으로 진출하였지만, 이슬람 민족 입장에서 보면 무도한 침략자이고 또한 낯선 이방인일 뿐이다. 로렌공작 고드프루아를 비롯한 제후와 기사단으로 이루어진 십자군은 1099년 마침내 예루살렘을 정복했다. '성묘의 수호자'를 자처하며 고드프루아는 예루살렘의 실질적인 왕이 되었다. 그러나 살라딘이라는 중근동 지방을 통일한 술탄이 등장한 이후 십지군과 이슬람군은 격렬하게 싸웠다. 양쪽의 병사들은 무참히 죽어 나갔다. 누구를 위한 전쟁이었는가? 아리스토텔레스의 정치 철학인 정의는 목적론에 근거하여 영예를 안겨주는 것이라 말하는데 언행일치하는가? 아리스토텔레스의 '실천적 지혜' 즉 어떻게 행동하느냐의 문제에서 걸림돌이다. 병사들은 명분 없는 전쟁에 내몰린 가치 없는 죽음의 희생양이므로 분명히 정의롭지 않다.

성채를 탄탄히 쌓은 기사단 덕분에 근근이 버티던 십자군의 예루살렘은 1187년, 전술이 뛰어난 살라딘의 군대에게 마침내 함락되었다. 88년 만에 그리스도교의 성지였던 예루살렘은 다시 이슬람 민족에게 돌아갔다. 그러나 살라딘은 유럽에서 온 순례자들에게 예루살렘의 순례 일정을 그대로 이행하도록 선처해 주었다. 칸트가 주장하는 "존중 의무는 이성을 지닌 존재, 인간성을 지닌 존재로서의 인간에 대한 의무다."라는 사실과 일치한다. 지도자의 선의는 사람의 목숨과도 직결된다. 살라딘이 대의를 품은 인격자였다고 말하면 정의롭지 못한가. 그 당시 고려는 의종 시대였는데 문신들이 무신들을 대놓고 무시하자, 기회를 엿보고 있던 정중부가 난을 일으켰고 의종을 귀양 보냈다. 최후에 노비 출신 이의민이 권력을 잡았다. 일본에서는 미나모토노 요리토모가 각 지방에 슈고와 저토를 설치하고 일본 최초의 무사정권인 가마쿠라 막부 시대를 열었다. 동서양을 막론하고 힘이 지배하는 세상이었다. 이후, 살라딘이 죽고 한참 만에 등장한 노예 병사 출신 술탄인 바이바르스는 무지했다. 고려시대 때 노비 출신 이의민이 권력을 잡았을 때의 모습과 소이대동했다. 군인으로서 병술에 능할지는 몰라도 교양과 지략(智略)이 부족한 관계로 강화(講和)나 타협은 절대 없었다. 능란한 전술로 십자군을 이겼지만 빼앗은 땅에 있는 그리스도교 주민은 이교도라는 명목(名目)으로 모조리 죽였다. 예루살렘이 이슬람 측에게 함락될 즈음 미국에서는 아메리카 인디언들이 광활한 대지의 주인으로 행복을 구가하고 있었을 것이다. 콜럼버스가 미 대륙을 발견하고 이어 마구 쳐들어온 유럽 백인들의 식민지 시대 이전까지는. 1854년, 예루살렘 함락 667년 후 미국 정부에서는 광활한 대지를 소유하고 있는 인디언 추장 시애틀에게 땅을 팔라고 했다. 결국 세상은 힘의 논리에 지배당한다. 강자는 군림하고 약자는 노예로 팔려가거나 죽음을 맞이하게 되는 뼈아픈 역사는 다람쥐 쳇바퀴 돌듯 면면히 이어져 왔다. 칸트나 롤스가 말한 아무리 바람직한 목적도 개인의 권리보다 우위에 있어서는 안 된다고 생각하는 정의는, 올바른 분배의 문제일 뿐만 아니라 올바른 가치 측정의 문제이기도 하지만 아직도 갈 길은 멀다.

로버트 케네디에게 정의는 국민 총생산의 규모와 분배에만 국한하지 않고 더 높은 도덕적 목적과 관련시켜 특정한 신념보다 중립을 고수했다. 또, 국가에 대한 미국인의 자부심을 일깨우며 공동체 의식을 호소했다고 한다. 버락 오바마도 보다 큰 목적을 지향하는 공적인 삶에 목마른 미국인의 갈증을 호소하며 도덕적 영적 갈망이 담긴 정치를 역설했듯이, 도덕과 종교가 상호 존중을 바탕으로 한, 정치가 공공선에 도달하려면 지도자의 올바른 판단과 국민의 참여가 절대적으로 요구된다는 사실이다. 정의는 세상을 이끌어가는 힘의 원천이 아닐까?

송지연 | 『월간문학』수필 등단(2019년). 한국문인협회, 대표에세이 문학회 회원. E-mail : s1prin@hanmail.net

유정, Love Story

박용철

　청마 유치환은 마누라가 집에서 밥 짓고 있는데, 같은 동네 시인 이영도에게 수백 통의 연애편지를 보냈으며 거리에서 버젓이 데이트를 즐겼다. 마누라 입장에서는 복장 터질 일이건만, 그 길은 청마 거리라고 해서 지금은 통영의 명물이 되어있다. 교산 허균은 부안 기생이자 시인인 이매창과 연정을 뿌리며 염문의 정점에 서기도 했다. 김유정 또한 낭만적인 연애로 삶의 한 부분을 채웠으면 좋으련만 안타깝게도 그의 여성 편력은 그리 아름답지 못했다.

　유정은 두 명의 여자와 들병이에게 마음을 주었다고 한다. 젊은 시절 박록주라는 판소리 가수를 연모했다. 홍보가를 전승한 명창으로서 중요 무형 문화재 보유자였다. 1979년 사망했지만 명창 박록주를 기념하는 전국 국악 대전이 19회째 진행되고 있는 스타였다. 그런 록주에게 2년 동안 지독하게 집착했다. 그녀가 타고 있는 인력거에 접근해서 몽둥이를 들이대기도 했었다. 오죽하면 외출도 조심하고 잠도 이루지 못했을까. 세상에 넘치는 것이 짝사랑이지만 동네 처녀에게 고백하는 것조차 작심해야 한다. 변변치 못했지만, 대학생 신분 앞세우며 과감하게 돌진한 부잣집 도련님의 자신감 넘치는 도전 정신은 높이 평가할만했다. 록주는 유정 사후 30여 년이 지나 기념식을 찾아와서 소회를 밝힌 적이 있었다고 한다. "이렇게 유명한 작가가 될 줄 알았다면 한번 안아주기라도 했을 것"이라고 덕담을 하였단다. 역시 사람은 잘 되고 볼 일이다. 유정 덕분에 시들해질 록주의 이름도 천년을 이어가게 생겼다. 그러나 당시에는 아이돌과 학생의 관계였다. 록주가 유정에게 관심을 가졌다면 그것이 특이한 일이었을 것이다.

　시문학으로 문단에 한 획을 그은 박용철에겐 여동생 박봉자가 있었다. 1936년 김유정은 『여성』이라는 잡지에 「어떠한 부인을 맞이할까」에 대한 글을 올렸는데, 그 옆면에는 박봉자의 「어떠한 남편을 맞이할까」에 대한 글이 있었다. 박봉자의 글은 유정을 설레게 했다. "장래의 내 남편을 이해 많은 문학가라고 생각을 고쳤습니다. 문학가는 세상을 잘 알고 사람을 잘 압니다." 유정은 하늘이 내려준 연분이라 생각했다. 이후 생면부지의 봉자에게 연정이 꽂혀 한 달 동안 30여 통의 연애편지에 혈서까지 보냈다고 한다. 유정의 연애 방식은 그저 막무가내였다. 그러나 봉자 오빠가 중간에 편지를 가로채서 한 통의 편지도 전달되지 않았다고 한다. 설사 편지가 전달되었다고 해도 둘의 관계는 별 변화는 없었을 것이다. 봉자는 불과 두어 달 후에 문학 평론가 김환태와 결혼을 했기 때문이다. 안타깝게도 그녀의 존재를 인식했을 때는 삼각관계조차 허용 할 여지가 없었던 것이다. 닭 쫓던 개 지붕 쳐다본 꼴이었다. 유정은 소설에서는 다양한 남녀 관계를 리듬 있게 다루었지만, 실전에서는 타깃을 제대로 잡지 못하고 엇박자를 치고 있었다.

 들병이와의 관계에서는 평안을 얻었을까. 병에다 술을 담아서 시장판이나 놀이판에서 술장사하는 들병 장수들이 있었다. 어디 술만 팔았겠는가. 가세가 기울었다고는 하나 서민을 찾아다니는 들병이 정도는 상대할 여력이 있었을 것이다. 그러고 보면 유정은 몸이 허약해도 정력은 강했나 보다. 연인을 향한 열정을 보면 말이다. 어쩌면 이곳저곳 헤집고 다니느라 약해졌는지도 모르겠다. 요즘도 공원 한편에서는 산새 아줌마 들병 아줌마로 불리는 다양한 화상들이 불우한 군상들의 성적 욕망을 위로해 주고 있다. 세상은 변한 듯 변하지 않은 듯 시소 타듯 흘러간다.

 그는 생애 마지막 2년 동안 소설 30여 편을 완성했다. 놀라운 속도였다. 작품을 일기장에 글 채우듯이 막힘없이 써 내려갔던 것이다. 몇 번의 사랑에 실패한 유정은 어쩌면 「동백꽃」의 점순이처럼 도발적인 여자가 그리웠을 것이다. 「소낙비」에서 도박 자금 이원으로 춘호 처를 탐하고자 하는 이 주사의 유혹은 그리던 연인을 돈으로라도 차지하고 싶은 보상 심리가 담겨 있을지도 모를 일이다.

유정, 정이 많아서 유정인가 정을 흘리고 다녀서 유정인가. 초가지붕 아래 호롱불처럼 온유하게 써 내려간 소설과 달리, 설레발치는 순정으로 정만 남기고 사라져 간 유정의 뒷모습이 쓸쓸하다. 그렇지만 안타까운 사연과 이루지 못한 꿈이 후세에 회자되어 감명을 주는 경우는 종종 있다. 청마와 교산의 달콤함은 없었더라도 편련의 정을 누리에 듬뿍 내려 훗날 오가는 사람들을 애달프게 하였으니 그의 여성 편력이 그저 허망한 시절만은 아니었을 것이다.

박용철 | 『월간문학』 수필 등단(2019년). 한국문인협회, 대표에세이문학회 회원. E-mail : paramisu@hanmail.net

주홍 글씨

권 은

　　경포대 바닷가에 앉아 이동원의 노래를 듣는다. 눈앞의 파도가 밀려왔다가 모래위로 부서지며 자꾸 사라진다. 멀리 수평선은 파도가 그러든 말든 잔잔하다. 〈가을 편지〉〈헤이〉〈향수〉〈그 겨울의 찻집〉 등을 지나 〈이별노래〉가 다시 흐른다. 고독하고 쓸쓸한 음색의 이 가수를 그가 좋아한다고 했다. 나도 시적인 가사와 음유 시인 같은 가수의 목소리를 좋아하기에 테이프를 돌려가며 같이 듣는다. 수평선에 초점을 맞추기가 지루해 눈앞에 보이는 바위섬에 맞춰본다. 바위섬이 있어 바다가 완성되었을까, 밋밋한 바다가 운치 있어 보인다. 눈앞에서 부서지는 파도를 덧없이 바라본다. 먼 바다에서 힘차게 내달린 파도가 모래에 부딪혀 소멸하듯이 그에 대한 나의 마음도 파도처럼 흐트러뜨리기로 작정한다. 쓸쓸한 이별 여행이 우리의 목적이 되어 버리게 말이다.

나의 이별 통보에 그가 잠깐만 기다려 달라며 어디론가 간다. 한참 후 그가 돌아와 책 한 권을 건네준다. 김재진 시집에 단단한 그의 필체로 쓰여 있다.

"누구나 혼자이지 않은 사람은 없다. 멋진 추억 만들자고 했던 사람이."

이렇게 쉽게 이별할 수 있는 사이였던가. 한 번 붙잡지도 않는 그에게 서운했지만 그러기에 내가 이별을 결심할 수 있었다.

이사할 때마다 책을 정리하고 버렸다. 전공과 관련된 책, 아이들 성장 시기를 지나버린 동화책, 아끼던 문학동사 등도 버렸는데 나와 함께한 시집들과 그가 건네준 책은 버리지 않았다. 젊은 날 나의 가슴을 설레게 한 시집은 오래된 사진첩처럼 추억이 스며있다. 결혼할 때도 내 짐과 함께 온 시집들. 그가 준 시집은 혹여 남편이 보면 기분 나쁠까 봐 그의 필체로 쓴 부분은 찢어버렸다. 내가 아직도 그를 기억하고 있다고 생각하는 게 싫고 괜한 오해를 키우고 싶지 않은 마음 때문이다. 그 책이 책장에 있는 한 나의 추억을 간직하는 책이자 남에게는 들키고 싶지 않은 나의 주홍글씨이다.

문학소녀일 때 인상 깊게 읽었던 『주홍 글씨』를 다시 읽어본다. 세월이 지나 다시 읽는 소설은 과거의 나를 확장시켜준다. 소녀 감성으로 읽었을 때는 이루어질 수 없는 사랑에 같이 애달프고 비겁한 목사가 답답했는데, 어른이 되어 읽으니 사회 전반의 상황을 이해하게 되고 작가가 어떤 목적으로 이 소설을 썼을까 다시 생각하게 된다. 내가 만일 주인공이라면 어떻게 했을까. 차라리 그곳을 떠나 새 삶을 살지 않을까 하는 생각도 해 본다. 청교도 정신이 팽배한 그 시대에 사회의 기강을 잡는 본보기로서도 둘의 사랑은 하나님 앞에 죄악이었다. 소설의 기능 중 하나가 시대의 고발이라면 충분히 그 시대상을 반영하여 논의할 수 있는 주제이다. 어쩌면 작가는 감추어진 자신의 죄에 안도하며 드러난 여인의 죄를 보고 돌을 던지는 사회를 비판한 것은 아닐까. 요즘도 화제가 되는 내가 하면 로맨스요 남이하면 불륜인 사랑이 그 시대에는 더 엄격하게 처벌 되었으리라.

　대관령 옛 고갯길을 넘어 다시 경포대로 향한다. 설국 라면을 먹으러 선자령을 선택했지만 설국이 좀처럼 문을 열어주지 않아 옆의 능경봉에 올랐다가 가는 길이다. 라면의 따스한 기운이 몸에 닿는 찬바람을 달래준다. 몇 번을 갔던 경포해변이라 눈에 익은데 실제로 경포대(鏡浦臺)에 오른 건 처음이다. 경포해변의 풍경을 가장 잘 볼 수 있는 곳이다. 눈앞의 바다만 보이던 젊은 날의 내 시선이 이제 해변 전체를 내려다본다. 내려오는 길에 관동 8경을 그린 작품들도 비교하며 볼 수 있어 좋다. 정선의 총석정과 낙산사 그림이 인상적이다.
　"경포대는 내게 아픈 곳이야."
　내가 말하니

"나는 낙산사가 아픈 곳인데."

동행한 사람이 말한다.

누구나 아픈 곳이 한군데는 있나 보다. 이별했던 곳이나 옛사랑과의 추억이 있는 곳은 다시 가 봐도 아프고 아련하다. 그와 함께 음악을 들으며 바다를 보던 그 풍경에 혼자 앉아본다. 이제는 그의 얼굴도 생각이 나지 않는데 음악이, 파도가, 바위섬이 나를 추억으로 데리고 간다. 그러고 있는 내 모습을 누군가 카메라에 담아 나에게 전송해 준다. 바다는 아직도 파란색과 하얀색을 넘나들며 사진의 배경이 되어준다. 지난날을 그리워하는 양 바다를 보고 있는 사진 속 내 모습이 주홍색으로 얼룩진다.

누구나 저마다 가슴속에 주홍 글씨 하나 가져 보지 않은 사람이 어디 있을까. 모래 위에 발자국 같은 주홍 글씨들을 파도가 하나씩 지운다. 가슴 속 주홍글씨가 모래가 되어 파도에 씻기어 간다. 파도 소리만이 그때의 음악 대신 이따금씩 들려온다.

문득 뒤에서 다시 돌아가야 한다고 나를 부르는 소리가 들린다.

누구나 혼자이지 않은 사람은 없다.

그래도 같이 있어 좋았다.

권 은 | 『월간문학』 수필 등단(2020년). 수상 : 동서문학상 수필부문 수상. 한국문인협회, 대표에세이문학회 회원. E-mail : kto0098@naver.net

대표에세이 작가들을
울린 인생 책

生, 푸른 불빛

정목일 김 학 이창옥 지연희 권남희 최문석 고재동 이은영 안윤자
김사연 윤영남 박미경 류경희 조현세 정태헌 김선화 박경희 김윤희
김현희 옥치부 김상환 곽은영 김경순 허해순 허문정 김진진 전영구
김기자 김정수 강창욱 신순희 박정숙 최 종 김순남 조명숙 백선욱
이재천 신삼숙 정석대 송지연 박용철 권 은

대표에세이 작가들을 울린 인생 책
生, 푸른 불빛